学习是我一生的倚靠

KNOW THYSELF

希腊前总理、前教育部部长

［希腊］乔治·帕潘德里欧　著

柯琪　编译

北京联合出版公司
Beijing United Publishing Co.,Ltd.

图书在版编目（CIP）数据

学习是我一生的倚靠 / (希) 乔治·帕潘德里欧著；柯琪编译. -- 北京：北京联合出版公司，2024.6
ISBN 978-7-5596-7528-6

Ⅰ. ①学… Ⅱ. ①乔… ②柯… Ⅲ. ①乔治·帕潘德里欧 - 传记 Ⅳ. ①K835.457=5

中国国家版本馆CIP数据核字(2024)第064246号

北京市版权局著作权合同登记 图字：01-2024-1422

学习是我一生的倚靠

著　　者：（希）乔治·帕潘德里欧
编　　译：柯　琪
出 品 人：赵红仕
策 划 人：钱　镜
责任编辑：徐　樟
封面设计：柒拾叁号

北京联合出版公司出版
（北京市西城区德外大街 83 号楼 9 层　100088）
北京时代华语国际传媒股份有限公司发行
唐山富达印务有限公司印刷　新华书店经销
字数150千字　690毫米×980毫米　1/16　15印张
2024年6月第1版　2024年6月第1次印刷
ISBN 978-7-5596-7528-6
定价：58.00元

← 我父亲喜欢跳舞，跳舞是希腊文化重要的一部分

↑ 我继承了我父亲的舞姿

↑ 我们兄弟三人和母亲

↑ 兄弟姐妹

↑ 兄弟姐妹四人在雅典卫城脚下

↑ 我们一家人和祖父合影

↑ 祖孙三代，也是三代希腊总理

↑ 我和父亲安德烈亚斯·乔治乌·帕潘德里欧

↑ 青少年时的我

← 1974 年，希腊军政府垮
台，我返回希腊

 我和我的爱人温蒂

我和我的两个孩子——安德烈亚斯和玛格丽特，安德烈亚斯是中医和针灸爱好者，玛格丽特是生物学博士，现在从事生物研究方面的工作

↑ 竞选时刻 1

↑ 竞选时刻 2

↑ 竞选时刻 3

↑ 竞选时刻 4

↑ 2002 年，与曼德拉先生的会面

↑ 2001 年，与雅典奥组委主席安吉洛普斯夫人和国际奥委会主席安东尼奥·萨马兰奇先生出席发布会

↑ 2002 年，与国际奥委会主席雅克·罗格在支持奥林匹克休战签名活动上

↑ 与基辛格先生的会面

↑ 2009 年，宣誓就任总理

↑ 2009 年，就任总理后参加泛希腊社会主义运动党议会小组会议

↑ 2009 年，就任总理后第一次内阁会议

↑ 2009 年，约瑟夫·尤金·斯蒂格利茨为希腊财务危机出谋划策

↑ 2010 年，和安东尼奥·古特雷斯的会面

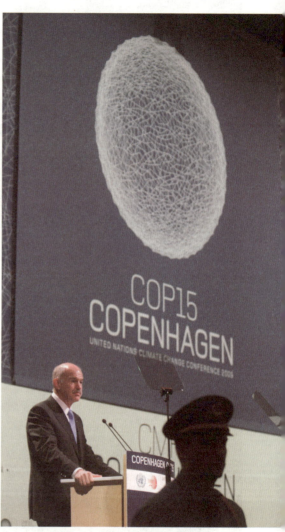

COP15
COPENHAGEN
UNITED NATIONS CLIMATE CHANGE CONFERENCE 2009

↑ 2009 年，在哥本哈根参加世界气候大会

↑ 2010 年，希腊启动欧盟提供的金融应急救援方案

↑ 2010 年，在希腊议会上发言

↑ 2011 年，参加欧元区峰会

← 我喜欢划皮划艇穿梭在爱琴
海的岛屿间

↑ 奥林匹克休战

↑ 20 世纪 90 年代，访问西安的一所小学

↑ 2023 年，在第四届东钱湖国际教育论坛上，我和徐万茂先生以及华茂的孩子们

↑ 与爱格学者在爱琴海

↑ 与爱格学者在联合国日内瓦总部

↑ 与爱格学者在帕潘德里欧基金会，背后是帕特农神庙

序一

哈佛大学肯尼迪政府学院公共领导力中心创始主任

罗纳德·海菲兹

1992 年，乔治·帕潘德里欧卸任希腊教育部部长后，通过哈佛大学韦瑟黑德国际事务中心（Weatherhead Center for International Affairs）的优势人才奖学金项目来到哈佛大学。我很高兴他参加了我在哈佛肯尼迪政府学院设立的领导力课程。他的倾听能力、逻辑推理能力、兼容并包地尊重他人观点的能力给我留下了深刻的印象。尽管乔治出身于希腊最有名望的家庭，但他身上却有一种平静的谦逊气质。他能够向所有人学习，不论他们的教育背景、地位或国籍。与大多数哈佛的学生不同，他从来不纠结"别人如何看待我"这个问题。他的注意力一直集中在了解别人上。

1998 年，乔治发起了思觅研讨会，他将许多国家的政府首脑、联合国和世界银行等国际组织的高级官员、各领域的卓越学者，以及他们的家庭成员聚集在美丽的希腊爱琴海，讨论当今人类面临的最棘手问题。我记得当时在锡米岛上一个漂亮的阳台上，那里可以远眺土耳其，五英里开外就是土耳其的岛屿，那时乔治还只是希腊

的外交部副部长，我们讨论了寻求希腊和土耳其和解的可能性。这
在当时的希腊是一个极其不受欢迎的话题，因为不少希腊人还有着
非常沉痛的记忆——在20世纪20年代初，有150万希腊人被驱逐
出他们在土耳其的古老家园——地中海两岸的和平看似不可能实现。
但对乔治·帕潘德里欧来说一切都有希望。

　　一年后，已经成为希腊外交部部长的乔治在那次的思觅研讨会
上讨论了他如何在几乎所有希腊人都反对的情况下与土耳其接触。
乔治说，他在土耳其找到了一个合作伙伴，是当时土耳其外交部部
长伊斯梅尔·杰姆（Ismail Cem）。化解伤痛需要时间，他们会慢慢来，
稳步前进。确实，在接下来的几年里，乔治和杰姆开始帮助两国的
人民放下悲痛的历史，共同寻求和平的新未来。

　　20多年来，乔治·帕潘德里欧一直邀请朋友及其家人一起聚集
在思觅研讨会上，享受希腊尤其是爱琴海优美的风景以及热情的地
中海风情，相互学习并讨论当今世界面对的许多关键问题——战争、
不平等、贫困、气候变化、移民、国际贸易和民主。近年来，乔治
不断扩展思觅研讨会的影响力，提出了加强全球国际交流与合作的
愿景，并着力培养青少年领导力，其中就包括面向中国青少年的爱
格计划。

　　乔治是一个非常善良、慷慨和体贴的人。2009年，他当选希腊
总理时，我为希腊人民感到极大的喜悦和幸运，因为这样一位正直
的人会在刚刚开始的全球金融危机中，将希腊人民的福祉作为自己
的核心追求。

作为在希腊金融危机初期就积极应对的总理，我相信乔治不仅救了他的国家，也救了欧盟。希腊是几个无法支付政府债务高利率的欧洲国家之一，乔治创造了无数的机会直接与关键国家的民众交流，并与关键国家的政府首脑一起努力，说服欧洲人民不仅支持陷入困境的国家，还发展新的机构来缓冲未来的金融危机。

我很高兴能够受邀为乔治·帕潘德里欧的新书作序。乔治关心教育，关心每个人的领导力发展，不仅是已经身居高位的领导者，还关心生活在发达地区的城市里的人们，或者是生活在偏远乡村的人们，他也发自内心地关心全世界下一代的青年们的发展。多年以来，他和我一直在合作一些关于青年一代的领导力项目，最近的例子便是爱格计划，我们将继续合作。

世界需要更多人在各自的社区中实践领导力。他们中的一些人甚至可能没有意识到自己是"领导者"，但当他们看到社区中有问题时，他们愿意采取行动将人们聚集起来。这就是领导力的真正意义。

乔治·帕潘德里欧是我见过的集领导力、正直和谦逊为一身的最佳典范。

序二

华茂集团创始人

徐万茂

1971 年，我从四明山走出来。

后来，踩着中国改革开放的浪潮，以工艺竹编起家，又顺应时代飞速发展的步伐，以教学装备立家，在 1999 年创立了"华茂教育"，开启了教育事业；50 余年的风雨历程，作为华茂创始人，我陪伴"华茂"经历了三个发展阶段。在此期间，我有幸结交了很多国内外的朋友，其中就有乔治·帕潘德里欧阁下。

我与乔治·帕潘德里欧阁下的结交缘于教育，我对他家祖孙三代都担任过希腊总理以及教育部部长记忆深刻，但更重要的是乔治个人对教育的认知和理念与我如出一辙。所以几年前，当我正式决定发起创办"东钱湖教育论坛"和"华茂美堉奖"时，就邀请了这位与自己意气相投的朋友来担任评审委员会的国外主席。如今我年近耄耋之年，收到来自好朋友乔治的邀请，让我为他的著作《学习是我一生的倚靠》写序；能为中文读者们介绍推荐好书，还是朋友写的好书，我内心深感荣幸。

大众眼里的乔治总理是知名的政治家，但他和我一样热爱学习、倾心教育，一生最中意的职务是曾经担任希腊教育部部长。他卸任总理职位后，就投身教育，成为"爱格计划"联合创始人。我的孙辈也有幸成为爱格学者的一员，多年来一直受益于爱格教育的滋养与熏陶。

因为教育而结缘的我们，都对教育事业有着自己的执着，甚至我们的家庭也都对教育事业有着独特的感情。乔治家族的几代人都从事过教育事业，教育需要的那种学习精神在他的身上尽显无疑，所以学习才能是他一生的倚靠。而教育对我的家庭来说亦是如此，从事教育事业也是因为父亲的临终遗言，他曾告诫我无论什么时候都不能忘记教育！因此，华茂所有的一切都围绕着教育发展，就连实业也要跟着教育走，且以社会效益带动经济效益。我们的家族将铭记，并知道做教育不是以年计算而是要以代计算的，作为第一代的自己完不成的事情，第二代、第三代都会接棒去完成……然后一代代地坚持华茂的初心和使命！所以，我的一生，无论在哪里，都尽我所能：取之于教育，用之于教育，无愧于教育。

《学习是我一生的倚靠》中的每个章节都涉及一段耐人回味的往事，时间跨度从乔治的儿时开始，因家庭变故让其在多国游历，后自强不息成为希腊教育部部长，又当上希腊总理。每个阶段的故事都让乔治收获了不同的人生感悟，也带来了新的思考视角，而每段感悟和思考都离不开"学习"。

在书里还提到学习的另一个重要阶段就是国际化，除了书本上的知识、老师教的知识以及向周围优秀者学习之外，还可以把世界当成你的教科书。乔治总理在书里告诉我们，就改变一个国家、一个企业或者一个家庭而言，国际化学习的重要性就在于其不是单一的，而是多元化的体验。遇到不同的教育系统，看到解决同一问题的不同办法，周围不再只有单一的系统、方式、书籍和文化等，能助力打开思路，使思维不再故步自封，可以让大脑展开自我的辩论。

同时，乔治总理的这本书也是"认识自我，成为自我，超越自我"的心路演绎，其中讨论的话题除了围绕他个人成长以外，还涉及他成长过程中的全球见闻和思考汇总，以及他为世界所带来的正向改变。他用自己的知行告诉读者，侧重自我认知和自我超越的学习，是教育能够在当今复杂的互联网世界中培养出新型领导力的核心要义。

最后，再次感谢好朋友乔治总理的邀请，也特别感谢本书的编译柯琪老师，还有爱格教育系列丛书总策划，也是我的好朋友，爱格计划的另一位联合创始人钱镜老师，以及爱格全体同人带给我们这份难得的礼物。

 自 序

在古希腊，人们想要写一首诗、编一首歌、写一部戏剧、编排一段舞蹈或进行其他艺术活动、科学研究时，就需要接受来自九缪斯女神中某一位的启发。人们由此培养思想，并且通过得到艺术、散文、诗歌、音乐或其他艺术活动的灵感来实现成功。

九缪斯女神是宙斯和记忆女神谟涅摩叙涅（Mnemosyne）的女儿们。

写这本书时，我从我的缪斯女神那里得到了巨大的帮助。这本书启发了我的回忆之旅，同时加深了我对我的经历和人生抉择的思考，这也是一种认识自己的练习。我在重复且持续地挖掘我的人生故事的同时，也对我们的周遭世界重新进行了审视。例如，中国和希腊之间的联系，无论是两国古哲学家和文化之间的古老联结，还是今天两国人民之间产生的新的联结——从"一带一路"到旅游业的兴旺、贸易的发展，以及对世界和平的共同探寻。

我的缪斯女神可不止一位。我的很多灵感来自一群令人惊艳的中国学生，我与他们一起探讨、创作、歌唱、舞蹈，同时也一同冥想、

找寻我们的内在灵魂，我们内心的人生目标。

这就是爱格计划。它是一个秉持长期主义的项目，培养了一批具有国际视野和多维度思考模式的中国青少年，旨在为我们的文化理解打开新的大门，并为我们的生活提供更多视角。

当我们看到世界局势和战争形势变得更加紧张，人们的恐惧和仇外情绪逐渐上升时，爱格计划在我心中变得更加重要了。它是一种可能性的证明，也是促使我们做出正确抉择的一枚指南针。它聚集了那些能将这个世界团结起来的人们，那些能展示我们共同特性的人，那些能以友情和爱情勇敢面对仇恨和恐惧，跨越地界、跨越语言、跨越刻板印象的一群人。

我们在爱格里陶醉于各国文化的独特美妙之中，尽情享受互相学习的过程，思考全球问题的共同解决方案，但更重要的是，在我们所有人身上挖掘共通的人性所在，一起认识自己。因此，我想在这里感谢所有那些带着他们的好奇、渴求、兴奋和活力来参加这些伟大活动的爱格学者们。在合作的过程中，他们也开始追求自己的人生目标。他们展示了他们自己的力量和意志，打破常规，探求新的哲学冒险。

虽然它很有趣，但也并不总是一场轻松的旅程。无论是过去还是现在，它都是一部充满了考验和挑战的《奥德赛》（Odyssey），在现实和思想中找寻一座座令人着迷的新岛屿。但这段旅途无论如何都是值得的。

希腊诗人卡瓦菲（Cavafy）写了一首名为《伊萨卡》（"Ithaka"）

的诗。伊萨卡，那是奥德修斯跋涉多年终于到达的令他魂牵梦萦的故乡。

我在此将这首诗献给所有正在人生旅程中不断探索的孩子们：

当你启程前往伊萨卡，

盼望你的旅途漫长，

于冒险和发现中满载而归。

贪婪的食人族、残忍的独眼巨人、

愤怒的海神波塞冬——不要被他们打倒：

你再不会与其相遇，

只要始终怀抱昂扬的心胸，

带着你独特的激情，

高举起求知的灵魂与身躯。

贪婪的食人族、残忍的独眼巨人，

还有那狂暴的海神波塞冬——你不会再见到

除非你将他们铭刻进自己的灵魂，

除非你的心灵将恐惧放在了自我之前。

盼望你的旅途始终漫长。

愿千万个夏日的早晨以幸福和愉悦将你包裹，

12

学习是我一生的倚靠

带你踏进初见的港口；

愿你在腓尼基人喧闹的市场驻足，

买下那些精美的事物，

珍珠母、珊瑚、琥珀、乌木，

还有那琳琅满目的香膏——

尽你所能，将它们带走；

也愿你造访埃及的无数城邑，

在那里向他们的学者求教，以获成长。

永远铭记你的故乡伊萨卡，

那是你命中注定的最后终点。

但不要心急，

将这旅途持续得越长越好，

于是当你回到那座小岛，

尽管年已衰老，

却拥有无尽的财富与珠宝，

而非指望伊萨卡为你带来奇迹。

伊萨卡已经为你开启了这场美妙的旅程。

没有她，

你就不会出发。

如今她业已终结，
再无法给予你更多。

但当她老去，
那时你便会明白伊萨卡不会骗你，
你会带着机敏的智慧和丰富的经验，
回到你生命的故乡。

还有一个更简短的版本：

当你启程前往伊萨卡，
永远将她铭记于心。
伊萨卡已经给予了你这场美丽的旅途，
使你带着无尽的财富满载而归，
因此别再向她渴求更多。

当她老去，
那时你便会明白伊萨卡不会骗你，
你会带着机敏的智慧和丰富的经验，
回到你生命的故乡。

我希冀与爱格学者们继续这段丰富的认识自我、成为自我、超越自我的旅途。我也非常期待在未来与更多新的爱格学者们踏上新的旅途。

　　学习一定是一项伴随人们一生的漫长冒险。认识自我是每天的练习。因此，我希望这本书能够为重新思考我们社会的教育制度做出贡献，以应对这个时代全新的挑战。在那里，我们可以将我们的恐惧和不安转化为关于可持续、促了解、共繁荣的对话。这是对我们两国思想和人民以及古老文化的团结和融合所做出的贡献。

　　按照古希腊缪斯女神的古老传统，这本书的旅程从海南的夜空之下开启，带着海上吹来的甜蜜和煦的微风，绽放成一个将两个古老文化的命运交织在一起的独特计划。

目录ONTENTS

人生并不会在哪个阶段突然变得更容易，如果你的
目标是不断向上走，那么总会遭遇更大的困境。挫折本
身并不值得赞美，当你通过多种不同的视角，持续地学
习和思考，才有可能将其转化为经验和财富。所以在经
历了很多以后再去看我在学校学习的那段时光，即便充
满波折，但依然是我人生中相对容易的部分。

这些经历也给我之后的从政带来了不少困扰，别人
会根据这些经历将我"装进盒子"，并"贴上标签"，
我的对手也会用这些标签作为武器攻击我。但我认为，
可以接触多元文化是一件值得享受的事。生活在这样一
个信息更为开放和多元的时代，我们是被这些文化交融
塑造的，每个人都必然带着各种标签，最好的选择是尽
早意识到这些，并从这些不同文化中找出你可以借鉴和
学习的优秀之处，并为自己所用。

斯特学院，尽管也有一些活动，但与世界其他地方相比仍然是隔绝的。而我要走出去，看看真实的社会，真实的生活，真正的问题，看看我们能如何为民主和希腊而战，如何为变革而战。我想积极地参与到真实的运动中去。

▎第七章▎ **离希腊更近一点** / 0 7 1

当时你可以看到很多不同国家在美国的第二代、第三代移民，如希腊人、波兰人、意大利人等，都开始觉得他们必须把自己日渐失去的传统文化带回到生活中，因为在某种程度上这些文化在美国都被压制了，包括许多带有国家或民族特色的名字也被美国化了。我记得我有一个同学，他的希腊裔父亲从纽约的爱丽丝岛登上了"新大陆"，但是注册的时候移民官并不会写那些异国名字，就直接把他的名字写成了差不多发音的英文名字。

▎第八章▎ **你可以把这当成一次新的学习机会** / 0 8 1

因为复杂多样的生活背景，我的脑海里常常有许多互相冲突甚至是相悖的想法或观点在做斗争，我的所有行动都受到观念上的挑战。对有的人来说，这可能会令人惶恐不安，甚至视其为一种威胁。但后来我开始明白，如果视其为创新、改变以及重新思考这个世界、挑战思维定势、重新构建问题以找到答案的工具，那么，这种思维的多样性就变成无价之宝。至此，我才领悟到了挑战现状的价值和必要性，只为有朝一日看到希腊以及我们这个世界能变得更好。

如果在教育部部长、外交部部长和国家总理之中让我再选择一次，我会很愿意再当一次教育部部长。我认为这份工作对国家至关重要。教育是一个需要巨大变革的领域，曾经周游世界求学、与各地许多教育者交流的亲身经验，让我很有信心在教育中发挥能力、做出贡献。我相信，教育改革是应对我们面临的巨大挑战的核心要素，不仅仅对希腊如此，对人类亦如此。

可以算是一段"至暗时刻"，如果我被恐惧支配了，因此而退缩了，那我基本上就会被阴谋者击败。这种事情经常发生在希腊或者世界任何一个角落，发生在政界或者其他领域，甚至每个人的生活里。

从中我也意识到一件事，在你走马上任前，你会有很多新的设想，但当你真正面对要处理的危机时，你只能最大限度地依赖你已经拥有的资源、经验和对事物的理解等。所以我会说，当你走向领导职位的时候，当你不断向上攀升的时候，要尽可能多地学习，你永远不可能准备充分，因为你不知道会发生什么。没有比不断学习更容易做的事情。

第一章

传承就是，即便出生在异国，我依然很清楚我是希腊人

　　人生并不会在哪个阶段突然变得更容易，如果你的目标是不断向上走，那么总会遭遇更大的困境。挫折本身并不值得赞美，当你通过多种不同的视角，持续地学习和思考，才有可能将其转化为经验和财富。所以在经历了很多以后再去看我在学校学习的那段时光，即便充满波折，但依然是我人生中相对容易的部分。

归属感

因为种种原因，我曾在 5 个国家的 10 多所学校求学。

对于年幼时的我，或者说对于任何一个与我那时候年龄相仿的孩子来说，周围不断变化的人和生活环境，意味着你的世界是在不断刷新和切换的，你需要不停地适应。

当你有自己的朋友圈子和舒适的环境时，你的第一反应肯定是不想离开，不想去陌生的学校。即便现在网络时代社交媒体很发达，你仍然需要付出很大努力去建立新的社交和适应新的环境，所以这是一大挑战。

即便如此，我的生活里还是会存在一种稳定性。"稳定性"不一定意味着"待在同一个地方"，还可以是能够给你提供支持的家庭——我有爱我的家人们，我们始终团结在一起。我的家人就在身边，我可以随时敞开心扉和他们交谈，我的问题、困惑等都有人倾听，我们也会彼此分享，大人会传授他们的经验给我们。

安全感不仅仅是"不动荡"，它更多来自归属感。如果你生活在一个需要经常变动的环境里，可以通过其他方式，比如互相支持来给予家庭成员必要的安全感。

很多年后，我也明白了人生并不会在哪个阶段突然变得更容易，如果你的目标是不断向上走，那么总会遭遇更大的困境。挫折本身并不值得赞美，当你通过多种不同的视角，持续地学习和思考，才有可能将其转化为经验和财富。所以在经历了很多以后再去看我在学校学习的那段时光，即便充满波折，但依然是我人生中相对容易的部分。

希腊人

即便出生在异国，我依然很清楚自己是希腊人。

20 世纪 40 年代时，父亲为了躲避希腊的独裁统治，选择留学哈佛大学并获得了经济学博士学位，二战时曾服役于美国海军。20 世纪 50 年代早期，他在明尼苏达大学执教。

父亲和母亲是在一家牙医诊所初次相遇的。

父亲跟我们说过，那天他约了一位牙医朋友——他们曾一起在海军服役，去他的诊所等他下班后一起去吃个饭。而我母亲恰好在那里等着看牙。当时母亲正在学习法语，所以当她看见坐在等候室另一边的那位年轻人时，她忽然觉得这个看起来不像美国人的家伙有可能会说法语——也可能是父亲当时的衣着打扮颇有异国情调？

总之母亲非常自然地走过去，问我父亲："你会讲法语吗？我想找一个可以练习法语的朋友。"

父亲回答："我会。"

等牙医下班的时候，他们三个人就一起出去吃饭了。我父母的爱情就是这样开始的。

过了几年，我就在明尼苏达州的圣保罗出生了。

我对明尼苏达州的唯一记忆就是邻居家的地下室，因为那里堆满了玩具。但是母亲曾经说那时候的我有点叛逆。我会在很冷的天气跑到雪地里，父亲发现后会骂我，我就会又跑到更远的路上。

在我2岁大时，父亲成了加州大学伯克利分校经济系的系主任。我的父母特别是父亲喜欢加利福尼亚的天气，比起寒冷的明尼苏达，那里的气候更像希腊，于是我们举家搬至伯克利。

当时我们居住的社区非常开放，也非常安全，街上也没什么汽车。等我稍微大了一点，父母也会允许我们好几个孩子结伴到社区后面的山上去。四处游玩对我们来说就像一场小小的"冒险"，小孩子们结伴一起出发一起回来，饿了就径直去某家的厨房，打开冰箱拿出食物一起分享。那是一段美丽又自由的童年时光。

在加州定居时，我的奶奶搬来和我们一起住，她照顾我们，为我们做希腊菜，给我们讲希腊神话故事、唱童谣……那是我儿时生活中希腊文化的启蒙。奶奶讲了很多关于希腊诸神的睡前故事伴我入眠，这让我能时刻谨记我的希腊血统。

我们家也遵循着一些希腊传统，比如复活节庆祝。

传统天主教复活节的象征物更多是兔子和鸡蛋之类，而希腊庆祝复活节的传统方式是烤全羊。事实上，复活节对希腊人而言更像是其他西方人庆祝的圣诞节。圣诞节之所以演变成了一个重要的节日，我认为是因为西方的消费主义文化的营销。

我们的新年基本上从春天开始，也就是复活节。尽管我们和其他人一样也庆祝元旦新年，但在希腊，复活节才是一年中最重要的节日。这既是一个宗教节日，也是一个世俗的节日，庆祝耶稣死后复活，也庆祝春天大地复苏。

所以在加州过希腊复活节，我们会在后院烤全羊。这个过程漫长且耗费体力，所以通常是男人的活儿——我父亲负责烤，我在旁边帮忙。

我们希腊人也会吃一些其他西方人不碰的东西，像动物的大脑、眼睛、内脏之类的东西。所以有一次在吃烤羊的时候，一个希腊人把烤熟的羊眼睛塞进了嘴里，在场的一个美国女人就直接栽倒在地，晕了过去。

希腊人也吃羊肠，我们把清理干净的羊肠放在架子上烤，实际上非常美味。

有趣的是欧盟一度决定禁止吃动物的肠子，因为他们认为很不健康。当然马上就有团体开始抗议，就连不在欧盟中的土耳其人也参与抗议，因为他们和我们有共同的"吃大肠传统"。最终这项禁令没有通过。

在希腊，复活节还会有一系列的庆祝活动。

复活节一般是在春分月圆后的第一个周日，复活节这周的星期一叫"圣周一"，"圣周一"便是整个复活节庆祝活动的开始。这一周的每一天都被称为"圣日"，例如"圣周一""圣周二"……

一直到"圣周六"。

"圣周五"，也就是人们所熟知的"主受难日"，是整个斋戒期内要求十分严格的一天，传统的希腊人连油都不可以进食，我们基本上会一直禁食到星期六晚上。"圣周六"晚上，教徒们会在12点以前赶往教堂做弥撒。子夜时分将传出"耶稣复活了"的口讯。人们这时点燃手中的蜡烛（点燃蜡烛的火必须是教堂里的"圣火"），并用自己的蜡烛再点燃身边人的蜡烛，同时传递着"耶稣复活了"的信息。顷刻之间，点点火光照亮了大街小巷、山岗海湾。这个时候还会放烟花。

进入深夜，我们会喝一种由羊肠等动物内脏熬制的浓汤，叫作羊肝粥（Magiritsa）。这表示斋戒已经结束了。第二天我们有烧烤、跳舞、唱歌等活动。在美国和加拿大的希腊人则会到郊外或者找个公园之类的地方去庆祝。

说到禁食，宗教有各种各样的理由让你禁食，但我认为基本上它的来源是一种集体智慧：第一，禁食对健康有益，如果你在一段时间内停止食用某些类型的食物，身体的整个系统会得到清理。第二也是为了节约，因为过去肉类非常昂贵。

当然，这也会有一种"社区"的感觉。夏天在希腊有一种类似节日的活动，我们称为帕尼耶里（Paniyiri），每个村子都会支起一口大锅，家家户户都拿东西放进锅里，像"公社"一般，大家聚在一起，演奏音乐，跳舞，分享食物和快乐，就像一本叫《石头汤》（Stone Soup）的儿童绘本故事里讲的那样：人们一起劳作，互相帮助。这就是社区精神。

当然，也有传统的复活节鸡蛋。希腊的复活节蛋都是红色的，我们有一个小游戏——用自己的鸡蛋与其他人的蛋正面交锋，谁的蛋打破了就算失败。

小时候，我有一个木制的红色"鸡蛋"，所以在交锋的时候永远不会输。

傲慢与偏见

作为一个在美国的希腊人，小时候我也总会遭遇一些嘲笑和孤立。

我第一次走进学校课堂是在美国的加利福尼亚州。即使那时候我还很小，但记忆中那所学校让我十分愉悦，因为它提供了很多自学的机会。更有趣的是，有些课程的内容我现在还能回想起来。有些事情当时的我并不能完全理解，但它们一直都留存在我的脑海里。

我不像美国人那样姓琼斯或史密斯。所以在那个年代，我的同学常常把我叫作 GP 或帕皮（Pappy），甚至是"好奇乔治"（Curious George，出自一本很著名的英文绘本《好奇的乔治》，主人公是一只叫乔治的对什么都好奇的大耳朵猴子），因为我突出的耳朵让他们想起了那只著名的猴子。只要老师叫我的名字，一半的人就会哄堂大笑。

其实我挺喜欢"好奇乔治"这一外号的。乔治是我最喜欢的角色之一，勇于探索却总是麻烦缠身——也许这正是我后来生活的写照。

我最早的记忆之一是，在上学前经常和妈妈一起读书。那时我们会坐下来，她会给我读故事，我自己再读一遍。同时母亲也会教我认识字母和单词等。

我在学生阶段十分内向，并不是那种很喜欢展示自己的孩子，也不太喜欢说话。后来有一天老师给我母亲打电话说："他可能需要换个班上课，因为他的阅读能力不太好，语言似乎学得很吃力，也许我们得慢慢教他。"母亲就去了学校，看着老师说："他阅读能力很好。"而老师说："不，他不好，也许你只是无法接受自己的孩子不优秀。"母亲说："给他一本书，让他读。"于是老师给了我一本书说："读一读这个。"

我读得很好。

老师很震惊，然后说："哦，好吧。"

这样她才意识到我的阅读能力确实没问题，可以读得很好。这个例子只是向你展示教育系统真实的一面，有时候这样一件简单的小事就可能导致你的潜力或需求等被错误地评估。

这件事确实可能会影响到我的一生。如果我妈妈没有去学校、没有跟老师面谈，如果这种种可能性导致我最后被转到了另一个班，毫无疑问会影响我今后的生活。当然，这件事还从另外一些层面影响到了我之后的人生选择。

第二章

动荡、文化碰撞和学习

这些经历也给我之后的从政带来了不少困扰，别人会根据这些经历将我"装进盒子"，并"贴上标签"，我的对手也会用这些标签作为武器攻击我。但我认为，可以接触多元文化是一件值得享受的事。生活在这样一个信息更为开放和多元的时代，我们是被这些文化交融塑造的，每个人都必然带着各种标签，最好的选择是尽早意识到这些，并从这些不同文化中找出你可以借鉴和学习的优秀之处，并为自己所用。

回家

我第一次回到希腊是在 6 岁的时候。

母亲给我讲过一个故事。父亲曾被邀请担任加利福尼亚一所大学的校长,他接受了。但后来有一段时间他开始胃痛得厉害,母亲了解他,她对父亲说:"其实你不想要这份工作,你想回希腊,你应该回希腊。"所以父亲最终辞去了大学的工作,为回到希腊做准备。

归国的旅途从加州开始,我父母把我们 4 个——3 个男孩、1 个女孩,全部塞在旅行车的后座上,而且没有系安全带。我们花了一个星期,不停地换汽车旅馆,才到达纽约。

一到纽约,我们就把车卖掉,乘远洋客轮去希腊,最终到达了比雷埃夫斯港(Port of Piraeus)。我仍然记得,当时我的祖父戴着大礼帽,又高又瘦,站在码头上等着我们。由于我沿用了他的名字(西方一些国家有沿用祖辈名字以示敬重的传统),他先和我打了招呼,然后抓住我的耳朵,捏了捏我的脸颊,最后拍了我一耳光。

我想,我惹麻烦了,我做错了什么?为什么要拍我一巴掌?

很快我就反应过来,这是一种深沉的情感,是爱的决然的表达。

他一直是个很骄傲的人，我见他的那个时候，他已经为争取希腊的民主而被捕入狱或流亡五次了。当然还会有第六次。

父亲最初是作为一个旅居海外的希腊人、一位著名的经济学教授回来帮助希腊的，他创立了一家经济研究中心，研究这个国家应该如何发展，应该采取和遵循什么样的政策。他离开希腊时还是个学生，但他的回归被一些人视作他走政治路线意图的表现，所以迫于压力，后来父亲又回到了美国。

因此，那段时期，我们这些孩子也跟着父母在美国和希腊两边来回迁徙。我在希腊的两所英语学校学习了一两年。一所是雅典美国社区学校（American Community Schools of Athens），另一所叫作雅典学院（Athens College）。然后回到美国上二、三年级，又回到希腊上三、四年级的公立学校。

我记得，那时候我必须非常努力地学习才慢慢掌握了希腊语。五年级，又回到美国。六年级又回到希腊，中学的前3年都在希腊。

文化冲击

如果你在加拿大、美国或欧洲某个地方长大，第一次回到自己的祖国一定也会有类似"文化冲击"的感受。即使你会说当地的语言，也能理解事物，但是那种巨大的文化差异是真实存在的。

当你的表达不地道，或者带了一些独特的口音，便有可能受到来自他人的嘲笑。即使我从小就认为自己是一个希腊人，但我吃得最多的还是美式食物，接触最多的也是美国的文化和教育。所以刚刚回到祖国希腊上学时，我受到了很多来自他人的嘲笑，例如我的美国口音和对一些希腊文化常识的不了解。

当来到一个新的环境时，会有人喜欢你，但也会有人欺负你。即便在多年以后，我去加拿大上学时，也有一群学生在喝了酒以后跑来欺负我，这些都是我亲身体验文化冲击的经历。

这些在不同国家之间求学和生活的经历也常常会让我思考，在我生活过的这些国家之中，哪一个是我最喜欢的，哪一个又是我最不喜欢的？但现在，我已然有了答案，我就是这样一个混合着多元文化的人，这些在不同文化背景下生活的经历都是宝贵的，我不必对此感到羞愧，而应该感到自豪。

这些经历也给我之后的从政带来了不少困扰，别人会根据这些经历将我"装进盒子"，并"贴上标签"，我的对手也会用这些标签作为武器攻击我。但我认为，可以接触多元文化是一件值得享受的事。生活在这样一个信息更为开放和多元的时代，我们是被这些文化交融塑造的，每个人都必然带着各种标签，最好的选择是尽早意识到这些，并从这些不同文化中找出你可以借鉴和学习的优秀之处，并为自己所用。

大房子

我们回到希腊后，父亲开始从政，母亲也自然有了更多活动事务。我们家里有了各种各样的人——安保、保洁、保姆、秘书等，他们开始照顾我们。我们需要学习和陌生的人一起生活，并慢慢和他们建立关系。

心理学家经常探讨的一个现象是，家庭中的第一个孩子往往更被强调做"对的事情"，而之后的孩子则不然。我的弟弟妹妹们似乎更自由，更乐于分享自我。当孩子变多了时，家长们似乎决定不再带着那么大的压力教育孩子，而是给予他们更多自由，也让自己更为享受。

回到希腊，我们的生活无疑会围绕着大人们的政治活动展开，因此我们家就像一所开放的房子，每天都有来自世界各地的人进进出出，他们有的人会带吃的来，有的人会留下来吃饭，我们家也像一家餐馆——各种人进来喝咖啡，吃东西，坐下聊天。

很多年后，我弟弟尼克（Nick Papandreou）写了一本书，叫《父亲在跳舞》（*Father Dancing*），因为在困难时期，我们经常一起跳希腊舞。其中一种舞蹈是一个人在中间跳，其他人围坐鼓掌——这是属于那个人的时刻，他可以尽情表达自己当下的感情。这本书的英国版本叫《一颗拥挤的心》（*A Crowded Heart*），这个书名指我们从美国搬到希腊后，房子突然就拥挤了起来，每天都有几百人，

而不管我们去哪里，都处在人群之中。他从一个有趣的角度讲述了
这段故事。

有意思的是，我后来和多拉·巴戈雅尼（Dora Bakoyannis，曾
任雅典市市长和希腊外交部部长）聊过——我们一起作为希腊代表参
加了欧洲委员会（Council of Europe）。她还记得小时候，因为她的
父亲和我的祖父在一个政党中，因此她时常跟随着她父亲来到我家。
当时人们会把我们俩放在一个角落让我们自己玩。她说她记得那时
候发生在我们身边的很多事情，却没有人注意到我们。

所以有时你的确会感到一些孤单，你只能接受或想办法应对它。

我还记得那段时间，家里雇了一个保姆，她曾在德国受训，对
孩子的管理风格非常强硬，比如要求我们下午必须午睡一小时。她
甚至会打我的头，有一次我的数学计算题算错了，知道要挨打，于
是当她的手甩过来的时候我躲开了，结果她的手打在了桌子上。这
下她被激怒了，最终我的下场很惨，被打中了头，撞在桌子上磕掉
了一颗牙。

我的母亲得知此事后非常生气，但是保姆转过头来又狠狠地威
胁了我们，警告我们别再到父母面前多嘴。那个时候对我们这些孩
子来说真是一段难受的时期，一直等到我们要离开希腊回美国的时
候，我才敢把真相全都对母亲吐露出来。

在美国，我们只会被当作普通孩子看待，就像邻居家的小孩一样。
但是在希腊，我们成了"政治家的儿女们"，他们会随时开始和我

们谈论我们的政治立场，问我们问题，告诉我们应该成为什么样的人，在生活中应该做什么。有点像是在说，我必须从政。但当时我还是一个孩子，并没有想过涉足政治，为什么他们都认为我从政是很自然的事呢？

也有一些人会跟我开玩笑。比如保安或者司机会半开玩笑半认真地跟我说，等他有了孩子，而我长大了当了政治家，一定要帮他的孩子找份好工作。我当时才六七岁，心里想的是，如果你的孩子很优秀，找工作肯定不是什么难事，但我怎么忽然感觉自己要担负着好多小孩的未来了？

压力

希腊学校里的压力很大吗？我会说压力很大。

希腊学校里的学生们大致分为三类：第一类是优等生，总是在得奖，受到好评或推荐；第二类是中间群体，他们对学业的态度有点爱恨参半；第三类则是那种总是在开玩笑、制造麻烦，试图让别人也不好好听课的男孩，老师会生他们的气，有时候让他们坐到教室最后面，以免他们制造麻烦。但我们有点喜欢那群孩子，因为他们很有趣，往往也在学生中很受欢迎。

我自己属于在第一类里挣扎的那种学生。我的确经常因为非常守纪律和自律而获奖，被认为是那种行为规范非常好的学生，但那也可能是出于害羞。

我的成绩虽然不总是很好，但总体来说不错——我们还请了家庭教师来补课。希腊有完整的补习体系，像"平行学校"，大家去参加补习以提高考试成绩。这种课外补习一般会在孩子很小时就开始，但也有在十二三岁以后才开始的。不是学外语、钢琴或某种运动的培训班——虽然也有这种，但我说的是那种为了确保在考试时获得好成绩的补习班。

后来我在美国、加拿大、瑞典没有这样繁重的压力，或者说即便有点压力，气氛也轻松得多，也会有一些竞争，但跟在希腊的学业竞争并不是同一类型的。

就小学和中学来讲，我认为希腊的教育系统在教育效率上更加出色。在希腊的中小学里，学生们会有很多压力，比如考试或者一些平时测验。学校里的教育更多的是由老师的指令和要求组成，学生需要把老师说的一切装进自己的脑子里。

但这并不是最优的教育体系。在这种体系下，你可能会有一些长项，但它不会给你开阔视野的机会，不会让你发现自己的潜能所在。这样一来，你就需要想自己如何才能满足这个体系的需求，而不是体系满足每个学生的需求，让他们成为更好的自己。

与希腊的教育相比，美国的教育体系显得更开放，学生经常进行非常有趣且高效的讨论，试着去思考自己真正想做的是什么，而不是在某一个瞬间就确定了一生的方向。

美国的教育经历让我印象深刻，那时候的教育能让孩子们很开心，并且能很大程度地激发孩子们的好奇心。在那种体系下，我甚至不会把学习当成一种负担。当时我们做过一个游戏，有很多不同颜色的箱子摆在孩子们面前，他们自己选择箱子并回答里面的问题，答对了就可以前进。这种方式可以从每个人那里得到不同的答案，以便老师更好地了解并帮助他们，这在当时是一种很先进的教育方式。

在美国的学校里，老师会待在同一个屋子里，而学生会根据自己需要上的课去不同的教室找到不同的老师。希腊的教育体系却恰恰相反，学生们每天都在同一间教室里，老师们则会分别到学生们所在的教室为学生们上课。因此，美国的教育体系给了学生们更多选择的空间，学生们可以通过选择自己喜欢的科目来上课，而在希腊，所有学生上的课都是完全一样的，不管学生喜欢这门课与否，都需要坚持上完。

希腊的教育非常严格，学习和考试紧密挂钩，并没有真正深入的理解和讨论，也没有自由去做你想做的事。所有的教育内容都是被管理人员定好的，他们不会去过多关心学生们的想法和对这些内容的接受程度，这就意味着如果你自己不去学习，不去尝试，就没人会来帮助你。

希腊的学校管理也更为严格。在希腊上学时，我们会穿得比较正式——灰色、黑色、白色衬衫之类。我记得有一次我在美国的外祖母给我寄来一条颜色很鲜艳的裤子，还是紧身的，我穿着去上学了。老师罚我站到全班同学面前回答问题，每个人都在嘲笑我，后来我再也没有穿过那条裤子了。

希腊学校里的老师有更多专制主义的强大权威感。当老师走进教室时，大家要站起来以示尊重，你必须坐直，双手放在身前，不能动，诸如此类。但当老师不在的时候，一切都很混乱。孩子们大喊大叫、互相交谈、大笑、开玩笑、互相扔东西等——老师在与不在的时候，学生完全是两种样子。

这些求学的经历，让我看到了不同的学校和不一样的教课方式，这也使得我在之后的从政经历中常常会去想，为什么这个地方拥有这样的教育体系，哪个体系有哪些优点，以及这些体系可以如何去彼此借鉴。

这也跟社会形态有关，我认为其区别在于，在希腊你的选择很少，在上大学和不上大学之间，所有人肯定都希望上大学。所以学生在为相同的有限的学位资源而竞争。但在加拿大和美国，中学毕业后有各种各样的机会，也有各种类型的学校可供选择。当然美国学生面对 SAT 考试（美国高中毕业生学术能力水平考试，又被称为美国高考）时还是有压力的，但没有希腊那么严重。

篮板

这种生活上的动荡、不断变换的朋友圈子、繁重的学习压力，以及走到哪儿都会遇到的文化碰撞，适应起来并不容易。当我感觉难以应对时，也慢慢尝试找到自己的排解办法。

我认为生活中最重要的是拥有一个"篮板"——当你把球扔到篮板上，它会弹回到你身边。你抛出你的想法，你的"篮板"通常是你的朋友，或者一群你信任的人，也可以是你的专业团队。后来我在希腊外交部担任部长的时候，就有自己的顾问团队。我努力让我的顾问团队多样化，找到尽可能差异化的人参与进来，能够提出不同的意见。我会抛出一个问题，听听他们会产生什么想法，进而优化我对某个举措或政策的评估。

你可以找自己信任的朋友——即便他们从事的是与你完全不同的工作，认真听取他们的意见，无论是批评的还是赞赏的。一个"篮板"很重要，有时比自己独自坐下来思考更容易获得优质答案。

当然，我们也需要独立思考。我也会静静地坐下来写下我的各种想法和行动的优先事项，在生活中做了什么以及应该做的为什么一直没有做。例如，我会写下我想要学习但一直没有机会学的音乐、关于某些问题的哲学思考等。

安静地写下想法和感受，这是我评估自己的想法和生活的方式。

但是在希腊上学的那段时间，很多孩子没有寻求帮助的概念，认为学习必须独自完成。现在遇到孩子在学习过程中有心理困惑，我们可能会说："好吧，也许你需要和心理医生或者某个导师谈谈，或者找你非常亲密的朋友。"当时我也很自然地会和我的朋友谈谈并一起学习，在某种程度上，这也是在寻求帮助。但这其实应该成为一种有意识的主动行为：没关系，我需要寻求帮助，因为我感觉不舒服。

在那些更严肃的文化里，人们缺乏这种自我意识。其实在古希腊是有的，也是那样做的，但后来这种传统遗失了。现在随着心理学、社会学和医学的发展，我们开始意识到每个人是不同的个体，不都适合同一个角色。人们开始尊重这一点。

当时在希腊，如果你学习不好，就会受到惩罚。我们得到的帮助更多是有人来教你如何做题，而不是心理层面上的辅导。而现在的社会更加开明，可以接受每个人选择不同的道路，需要不同类型的帮助，不仅仅是遵守某种固定的社会规则。

我认为我们的学校系统仍然没有足够多可供选择的机会，人们已经逐渐意识到这一点。孩子们现在通过社交媒体谈论得很多，但其中一部分人却依然不知道该如何处理。

孩子们可能会通过发泄对学校的愤怒或更离经叛道的方式来处理情绪，因此我认为我们需要一个更能理解孩子、给孩子提供有效成长支持的学校体系，而不是太多的学习压力。

不幸的是，在希腊有一个传统，学期结束或毕业时，学生们会把书扔在学校里，仿佛终于脱离了苦海，但我觉得不应该是这样的。而在有些国家，学生们会说：我要留着我的书以作纪念，或者把它留给那些需要的人——他们看待学校的态度与我们的截然不同。

后来担任希腊教育部部长时我曾说过，某些时候，在希腊的学校里学习让我觉得是在做艰苦的劳动，像囚犯被锁上腿还需要砸岩石，而不是某种创造性的、有趣的、富有想象力的、迷人的学习。

学习也可以很有趣，它需要我们付出努力，需要遵守纪律，也应该是能激励我们的东西，而非"我必须这么做，这就是目标"。学习不应该是一个可怕的过程。享受学习带给我们的体验，让学习成为一件快乐的事情，因为它将成为我们每个人生活的一部分，而且是贯穿一生的一部分。

第三章

家庭是另一所学校

作为孩子，我们通常仅仅把父母视为"父母"，而不是某些方面的专家。但事实上我认为我们应该更尊重他们是"专家"这一点。他们在职业领域的成功，他们为年轻人带来的生活智慧是巨大的。

亲密关系

每个人的家庭都是很重要的，我不觉得我的家庭有太多不同，只是每个家庭有着不一样的经历。

我们一家人去过很多地方，因此我经历过很多特别的人生阶段，所以我的家庭生活并不平静。我们并不是那种每天都能一起坐在桌边吃晚餐、谈天说笑的家庭，因为我父亲很忙，我们并不总能见到他——他有可能在希腊，也有可能在其他国家。母亲也经常忙于政治事务，但是我依然记得我们一家人聚在一起的那些宁静时光。

因为我们经常搬家，移民、难民、文化碰撞是我童年时代家庭生活的关键词。家庭因此变成了一个安全屋，我们所处的环境可能变化，但回到家中总能变得平静下来，可以哭，可以开玩笑，家人会理解你。

在我很小的时候，父亲是教授，会按时回家，我们会一起吃饭。母亲在学校做一些兼职工作（辅导老师），祖母和我们住在一起，这是一种很亲密的家庭关系。因此我的童年虽然有些颠沛流离，但从未感到亲密感的缺失。

饭桌故事

家庭实际上是我学习经历的来源。随着自己开始逐渐理解这个世界，我开始想要从先辈那里学习他们的经验。

每一代人对待孩子的方式都不一样。有一种更传统的方式是充满阶级意味的——孩子不准在饭桌上说话。这种家庭充满规矩，但也许会赋予孩子一种自我认知——即使这种自我认知并不深刻，以及赋予孩子一种安全感。

对我来说，多数时候我接受的是非正规的家庭教育，有时也会有正规的家庭教育。例如，母亲会和我坐在一起读书，教我如何阅读。这是一种家庭教育形式，我认为这种方式是值得提倡的。当然，这样做的前提是家长们确实有时间陪孩子。

然后还有另一种学习方式，就是一家人坐下来讨论最近发生的事。后来我们流亡到多伦多时，我记得父亲经常出差，为希腊的民主奔波。他四处会见世界各地的领导人，以促进希腊的进步运动，那时候我们必须为希腊的改变而努力。当他回来的时候，我们会围坐在餐桌旁吃晚饭，他会给我们讲他的故事。我们想知道他遇到了什么事，遇到了什么人，他的想法是什么，他对别人的看法是什么，他需要处理的问题，等等。他也可能会带回一些纪念品，纪念品背后往往也有有趣的故事。我总是会觉得很有趣，每次都很兴奋，这对我来说是重要的学习机会。

那时我从未意识到这是一种家庭教育。但事实上，教育的确比书面上的定义要广阔得多。

父亲经常会向我们抛出一些大问题，促使我们思考世间的对与错。例如生命的本质是什么，死亡是什么，你想要如何度过你的一生，等等。我们会一起讨论这些似乎有些抽象的问题，而父母也会挑战我们的想法，因此讨论有时会非常激烈，但依然很有意思。

我的兄弟尼克录下了很多这样的讨论，他当时只是为了记录而记录，但现在重新听这些录音，对我们来说仍然很酷。

还有就是在我12~14岁的时候，父亲晚上会在家开会，和他的顾问还有其他政治家谈话。我会偷偷溜进去，坐在角落里，听大家讨论。所以很快我就了解了当时的政治环境——所有我们后来需要面对的想法、讨论、挑战等。

那时候，我在希腊所接受的学校教育并不那么鼓舞人心，所以更希望参与到这些讨论中去，我的内心一直有这样的挣扎。我会告诉父亲我的作业已经写完了，从而得到允许留下来和他们在一起——事实上我还没有全部完成，因此那时总是会有一种紧张感。

但对我来说，这段经历显然塑造了我的很多想法、政治观点和对事物的理解。

我清晰地记得——直到现在这依旧是一段非常鲜明的记忆——在希腊独裁统治发生之前，我父亲就说过，可能会有军事政变。我当时听了，并不理解什么是军事政变——他们会如何接管军队，他们会做什么。父亲和他的朋友们会讨论说我们要怎么逃跑，什么时候去山里藏起来，等等。对十三四岁的我来说，这是很大的信息量，但这确实非常、非常重要。

因为后来政变真的发生了。

知识并不只有一种表达方式——学校的教育是更为普遍和趋于理想状态的，但通过跟身边的人讨论所学到的，则更贴近生活和现实。因为有了这些餐桌上的学习和讨论，所以即便是面对政变，对少年时代的我来说也并不是毫无征兆和无法理解的。当然，我所经历的是更富有戏剧性的事件，每个人的生活中都会有一些困难或意外的事件，它们中的一些也会带有戏剧色彩——它可能是一个亲戚遇到的生活不顺，或是一个快乐的事件，比如婚礼，诸如此类。

重要的是从你父母或亲戚的经历中学习，和他们坐在一起讲故事。会讲故事在任何公共事务中都是非常重要的，无论是进行市场营销、政治活动还是教学等。你必须仔细推敲怎么呈现一个故事，它要有开头、经过和结尾，这是叙事的艺术，要制造紧张感，制造悬念或者任何适合的情绪，然后在适合的节奏点抖个包袱，结局是好的也可能是坏的，但这并不重要，因为无论如何这都会是一个好故事。基本上讲故事就是在讲述你的价值观——你珍惜的是什么，你认为生活中最重要的是什么，通过故事给出一个答案，赋予你的生命以意义。

父母如果可以和孩子分享他们这一天发生的故事，不管是简单的、有趣的、悲伤的、困难的还是令人惊叹的，讲述的过程就会拉近与孩子的距离，能与孩子分享你的喜怒哀乐，不仅仅让孩子更了解自己，分享经验也是一个很好的自我教育机会。

当然这个度要把握好，父母不要把一天的所有焦虑都带回家，让孩子觉得过于沉重，也不要把自己的故事讲成完全的"说教"。努力分享自己作为一个生命体的独特的生命体验，不是作为父母，也不是作为导师——父母不一定要时时刻刻"发号施令"或扮演导师一样的角色，也可以成为孩子的学习伙伴。大家都在自己的人生阶段不断学习。

孩子们可以通过成为一个讲故事者，讲述他们自己的经历来表达自己。但为了讲述故事，他们也必须不断思考，思考他们的生活发生了什么，思考为什么他们的同学会哭泣、开心或者开玩笑，思考为什么老师会那样做等。所以他们在学校不仅仅是为了得到分数，更要思考自己所处的环境。这一点非常重要。

如果父母能创造一种氛围，让每个家庭成员讲一个今天发生的故事，通过这样的沟通对话，我认为两代人都在彼此学习，而且双方的关系也会更加亲密。

当然，每个家庭都有他们自己的经验和方法，但和孩子做朋友，我相信每位父母都有能力做到这一点。

母亲

前面提到过，我接受的正式家庭教育形式之一，就是和母亲坐在一起阅读。母亲喜欢给我们念书。给我们念书的时候，母亲也会教我们知识，我现在还记得她教我认字的情形。她让我爱上了故事，爱上了阅读，不仅仅是在幼儿园或者小学一二年级，甚至在我们长大以后，她也会鼓励我们阅读一本书。因此，这让我们成了热衷阅读、好奇心旺盛的人。而且，她并不是只让我们读课本或者作业要求的读物，也会让我们读侦探小说、非洲的冒险故事或者是二战的故事。

我读过连环故事，这些书应该不是很有名，比如《哈迪男孩》(*The Hardy Boys*)、《汤姆·斯威夫特》(*Tom Swift*)等。有二三十本连环故事，每年大概会出版一本，但它们是不同的故事。《汤姆·斯威夫特》更像是一部科幻小说；《哈迪男孩》讲的是年轻侦探的故事；《消失的战线》(*Biggles*)是一部英国连环故事书，主角是一个抗击纳粹的飞行员。我觉得在当时真正对我产生影响的是儒勒·凡尔纳(Jules Gabriel Verne)的书，虽然基本上都是很多年前写的老书了，但有很多书都和幻想有关，比如《海底两万里》(*Vingt mille lieues sous les mers*)这本书里的科幻元素就激发了很多人的灵感。

还有一件重要的事情，就是在互联网时代，也许我们缺的就是一座藏书丰富的图书馆。

我知道现在中国还有很多体验式书店和图书馆，这是一件好事，因为这些是实际存在的书店，而不是在你手上的智能手机这个小方块里。这些书就在你的身边，和你在一起，你能看到它们，从而引发随手拿起来阅读的兴趣，而在互联网上，我们失去了这种随机性。互联网更多是通过算法——这些算法往往基于你现有的认知或行为习惯，来引导你发现某些书。手头上拿着平板电脑的时候，我也会

在网上书店买电子书。我需要记起我有这些书然后去查列表才能看
到，而不是在环顾周围的时候邂逅这些书并坐下来开始阅读。

因此如果你家附近有一座图书馆，或者一家书店，你可以走进
去，随便拿起一本书，然后径自阅读起来。当然，我建议大多数家庭，
至少中产阶级家庭都要有几套百科全书，还有各种各样的其他藏书。

我的好朋友智利前财政部长、伦敦政治经济学院公共政策学院
院长安德烈斯·维拉斯科（Andrés Velasco）就生长于一个学术和政
治世家，虽然并非大富大贵，但他家的地下室里却有一座远近闻名
的图书馆，并且每个月都会有一位专业的图书馆员去他家里增添和
整理书籍，这个独特的成长环境让他与书籍产生了积极紧密的联系，
也潜移默化地塑造了他的人生轨迹。

好奇心会驱使你拿起一本书，看看它是讲什么的，所以有时候
我会读晦涩难懂的书。孩童时期的我就是这样在母亲的教育之下，
学会了享受阅读，之后在北欧和其他地方的国际化教育也教会了我
享受读书的乐趣，这些在我成为政策制定者时，给予了我很多便利
和帮助。

现在回想起来，我童年时期害怕父亲多一点。如果在学校考了
坏成绩，我大概会跑去找母亲寻求帮助。父亲对我的支持更多是智
识上的，例如政治思考、哲学思考等。母亲则更多地给予我情感支持。

母亲成长于一个美国的工薪家庭，她在上学期间，曾经在学校
里组织了一个彩票活动，收集的钱会用于帮助穷人。她的同学会去
穷人家里拜访，并给他们资助。当时母亲的家庭也比较窘困，所以

她会隐瞒自己的家庭情况，害怕其他同学会以为她是为了自己才举办活动，但她真的是为了帮助他人。

母亲很活跃，一直努力学习公共卫生和新闻传播方面的知识，在社会活动中特别积极，我很喜欢这一点。

在我当总理那段时间，遭遇财政危机时我也会和母亲聊她在先前的美国大萧条中的经历，她的感受是什么。她父亲是汽车工程师，当遇到人们无力支付时，他会免收费用，但这并没有给他带来好运，后来他还是失去了工作。最后，他们不得不去林子里拾捡柴火，来抵御芝加哥的寒冷。

这些从先辈那里听来的故事会让我思考，尤其是在忧患的时候。

父亲从政后，母亲也非常积极地参与到政治工作里，帮助他们组织活动等。后来她领导了希腊 20 世纪 80 年代的许多妇女运动——堕胎合法化，从法律规定中剔除"嫁妆"，婚后女性可以保留自己的姓氏，等等这样的事情——她始终在不断推进平权。

母亲时常说政府应该致力于建造一个更有凝聚力的社会，人们应该感受到尊严——这个理念长久地留存在了我的思想里，让我时刻警惕不能只利己。

她参与应对肺结核危机时，告诉我很多人害怕 X 射线，因此她需要去向人们解释这不是科幻小说中可怕的机器，也不会危害生命。人们的这种恐惧和很多人这几年经历的对疫苗的恐惧很相似——现在有人害怕疫苗是资本家控制我们的手段。这样的"螺旋历史"十分有趣。

母亲一生中为阻止战争做了很多努力。她致力于与战争另一方——对希腊来说，便是土耳其——的女性建立联系。她建立了一个机构叫"赢得和平"（Win Peace），组织了希腊与土耳其女人在塞浦路斯岛（Cyprus，一个独立岛国）上聚集。有一年，她还参加了一个在北京举办的女性论坛。

母亲还有一个特点——一些人或许会觉得这很天真，她相信人们。她不轻易评价别人，她总是寻找别人的闪光点。这是我一直尝试学习的一点。多数时候，她总是可以激发出别人最好的一面。

父亲

当然，家庭教育过程中经常遇到的一个困境是，父母总希望把自己奋斗的成果传承给自己的孩子，有时候会因此产生矛盾。但是如果你能发挥自己的创造力，对他们的成就善加利用，并以创新的方式看待它，可能会受益更多。

如果你有创新能力，可以从一件事情上衍生出很多不同的解决方案。举个例子，很多人说当你写作时，随便抓住一个构思开头，写你脑海中出现的任何东西，写着写着你会发现这个故事可以朝着100个不同的方向发展。

当然，每代人的成长有不同的路径，我绝对理解孩子想在生活中留下自己的独特印记。如果你想在生活中找到你自己的存在意义，必然会希望自己创造一些东西。父母也需要给孩子机会做自己，去尝试或冒险。这在某种程度上也是对父母权威和规则的挑战。

　　我的父亲更为严厉——母亲虽然也约束我，却给了我更多的信心和自由。我成年后，父亲支持我从政，也确实给了我空间。我有时会做一些他不认同、不喜欢或不会批准的事情。我的想法可能比他更激进。

　　有一位记者对我父亲进行了一次采访，那时候他的年纪已经很大了。其中一个问题是"你的儿子乔治，他的优点和缺点是什么"。

　　父亲先说了我的优点，然后接着说："乔治有他自己的观点和价值观，即使他知道会为此付出代价，他也会选择为捍卫它们而战。他直截了当、诚实，相信也践行他的价值观。他想改变，他就愿意冒风险去做。尽管那可能会损害他的政治生涯，但他不会考虑这一点。"父亲说我可以更有策略地为了生存而小心行事。

　　当时我已经是教育部部长了。父亲实际上一直看着我那些年来所做的一切，包括一些大胆的决定。但是我们两个并没有就那些事情谈过太多。

　　当我读到这篇采访稿时，才意识到我应该多请教请教父亲。我应该和父亲坐下来详谈，虽然我们每天都生活在政治世界中，总是在一起谈论政治，但是没有真正找机会深入到更深层的哲学探讨中，反而是在我小时候，那样的对话可能更多。如果我能早一些了解到父亲当时的想法，或者父亲能提前给我打个电话，也许我会在冒一些风险前更谨慎一点。

尊重

我希望我能更早懂得尊重父母的成就。

这让我想到了我们爱格计划（Project Agora）中的很多家长和孩子。

作为孩子，我们通常仅仅把父母视为"父母"，而不是某些方面的专家。但事实上我认为我们应该更尊重他们是"专家"这一点。他们在职业领域的成功，他们为年轻人带来的生活智慧是巨大的。孩子们常常只看到每天叮嘱他们琐碎生活细节、督促他们学业的父母，但事实上，父母可以更多地分享他们的经验，不一定是工作或处理问题的细节，而是关于如何取得今天的成就的经历，或者他们的人生梦想。自己如何面对困境，不仅仅是分享些成功的结果，更要分享面临挑战的时候，父母作为过来人是如何做他们的人生选择的，甚至哪怕简单地只是问问父母一些更需要成熟思考的问题，比如，现在有一个艰难的决定要做，你会怎么做？

父母也应该让孩子更早地开始尝试思考这些事情。

我们的家庭生活内容现在变得有点像例行公事——送孩子去上学，选择一所好学校，督促他取得好成绩，在孩子需要学习乐器或其他语言时雇家庭教师，等等。但其实我们也可以把家庭想象成一所学校、一个实验室，我们在那里讨论问题，制造气氛，年轻人可以带着他们的问题、想法、创新精神和他们掌握的新技能参与进来。家长在孩子面前除了标签式的"爸爸妈妈"之外，也是一个独立的成年人，也会有自己的困难和挑战。

当然这意味着家长需要花时间，有耐心，而时间和耐心恰恰尤其是很多家庭中最匮乏的东西。我们可以先从改变心态开始，建立起这种心态和理念之后，家长去创造时间——哪怕10分钟或15分钟，如果这对你来说足够重要，时间总是能挤出来的。

很多时候，孩子有各种各样的事情想要和家长说，例如自己的约会经历——这确实很难开口。这时，家长需要给予孩子更多自信，他们才敢谈论这些。如果我能回到少年时期，我会更多地跟母亲谈论我的约会经历，这样，在"如何去爱一个人"的问题上，我也可以学到更多。

的确，与上一辈的人谈论这些事情时，他们可能会害羞——他们也经常对一些艰难的话题感到难以启齿。例如，母亲在和一些希腊女性聊天时，有人谈论起丈夫的家暴，老一辈的人会让她们噤声，因为这是家事。这时年轻的女性会说我们应该谈论这个问题，并鼓励老一辈的人参与讨论。

许多青少年想要从年长的一代那里获得更多的经验和智慧。对于那些私密的问题，如果父母不能给孩子提供解答，那么更大的可能性是他们从网上学，从同龄人那里学习，这就取决于他们上什么样的网站以及遇到什么样的同龄人。这个风险其实蛮大的。当然，我理解这样的对话对于青少年和父母都是一个挑战，每个家庭开展这种交流的方式可能迥异。

如果一定要说一个原则，我觉得就是相互尊重，父母要尊重孩子的各种奇思妙想，也尽量不要去评判对方，让对方觉得会失去自由，尽量让他们的想法得到尊重和承认，再提供自己的想法和建议。

除了感情等问题，有时孩子自己的心理问题也同样难以与家长沟通，其中也有父母一方对这类问题抵触、不耐烦、大惊小怪甚至勃然大怒的原因。这是我们应该在教育中改变的一点：我们没有学过如何当家长。

如果我们不学如此基本而重要的事情，那我们学习的价值将会大打折扣。

如果我们学会互相尊重，父母和孩子将一起成长，这是人世间最美好的事情了。

第四章

当时那把枪离我只有 0.01 米

我们有时会倾向于将悲伤和快乐都简单理解为一种情感表达，但忘记了更重要的事 —— 我们可以超越自我，超越某些过往的经历和刻板印象。后来，父亲参加不同的选举活动时，也是有赢有输，他也会感到失望和沮丧。我也是如此。我从父亲那里学到了如何处理这些人生中的起起伏伏，在"风暴"之中如何实现内在的安全感。

政变

那一幕发生在 1967 年 4 月 21 日。现在 4 月 21 日已经成了一个纪念日，每年我们都会在这一天发表反对独裁声明。

我祖父曾经说过，"宝座属于国王，但权力属于人民"（the king reigns but the people rule）。他的整个竞选活动都是为了让希腊人民在政治上有更多的发言权，因此大家都称他为"民主老人"——这让当时的希腊国王感觉自己像是一个有名无实的傀儡领袖。

我的祖父在 1963 年、1964 年两次赢得了选举，他领导的政党在 1964 年大选中获得了 53% 的选票，据说在当时是战后希腊得票最高的政党。但在两年后，国王为了争夺权力，不惜靠行贿让议会众人背叛祖父的政党并组建一个新的政府。但祖父被免职后并没有停止抗争，他坚持认为希腊国王被赋予了太多的政治权力。

祖父反对君主制的无限权力，而父亲则反对其他国家过多干涉希腊内政——在冷战时期，美国对希腊的政治局势相关的事务参与得非常多。本来定于 1967 年 5 月份举行的议会改选之前，种种迹象都显示我祖父所属的中间联盟将一举成为议会最大党，并且会跟立场偏左的联合民主党组成联合政府。这也成了军方发动政变的理由，他们害怕祖父会卷土重来。我们都心知肚明美国中央情报局（CIA）疑似也参与其中，并为独裁者接管国家提供支持——14 岁的我有时候会偷偷从书桌边溜走，躲在客厅的角落里偷听父亲的谈话，当时就听到过很多这方面的议论——在我父亲和幕僚、顾问、朋友的深夜对话中，军队可能会接管政权这件事早就在他们的预期之中，他们已经做好了心理准备。

事实上，军政府政变的前一周，某天深夜有两个陌生女人敲响了我家的门，当时去开门的是我。我告诉她们，我父母出门拜访朋友了。

"我们有来自华盛顿的一些消息，必须转告你父亲。"其中一个陌生女人说。

她们留下的口信是，让父亲必须非常小心，下周希腊将发生独裁事变。

我马上打电话把这一消息转告给我的父母，父亲决定马上离开家，接下来的一整个星期他都待在朋友家里。

但是在政变发生那天，父亲原本计划和国王的顾问在第二天早上开一个早餐讨论会，他认为如果发生政变也会是在第二天的会见时，所以那天晚上他就回到了家里。

到了半夜，我忽然听到了极大的吵闹声。有人带着一卡车的士兵来抓我父亲，他们用力敲门，接着砸碎了玻璃铁门上的玻璃，把手伸进来扭动了把手。

我母亲和当时正在希腊的外祖父母（外祖父母平时在美国）赶

紧把我们几个孩子叫醒，我因为听父亲说过可能会发生政变，立即去了父亲的房间，他给了我一把气枪，自己也拿了一把手枪。我们爬到了房子的顶层，那儿有一个带露台的小房间，是我小时候最喜欢的藏身庇护所。"现在轮到你躲在这里。"我告诉他。

士兵们搜查了整个房子，一开始并没有到房顶那里找，但他们用枪托敲打墙壁，大喊大叫着我父亲的名字："安德烈亚斯在哪里？安德烈亚斯在哪里？"

其实当晚的同一时间，军政府搜捕了大约 100 名政治人士，其中也包括我的祖父。

对我祖父来说，那是他一生中第六次遭遇这种抓捕了，所以当军人闯入他的房子时，他表现得非常冷静。

"请等一下，我马上出来。"他穿上了最好的西装，戴上最好的领带，在西装口袋里放上叠好的手帕，甚至戴上了最好的礼帽，然后说："好吧，现在你们可以逮捕我了。"

而在我家里，那些军人冲来撞去、大喊大叫地搜寻了大约 40 分钟还一无所获。我透过窗户看到整栋房子已经被荷枪实弹、架着机枪的士兵包围了，意识到我手里的那把小气枪根本起不到任何作用，它更像是用来玩射击游戏，打打鸟的玩具，而 14 岁的我也没有真正受过射击训练。

那些士兵越来越愤怒，他们甚至开始翻开所有的抽屉，而我妹妹终于忍不住说了一句："你们翻我家抽屉干吗？我父亲也不可能藏在抽屉里面。"

那真的是一派恐怖紧张气氛中，唯一有点幽默的场景。

终于，他们开始向屋顶搜索，通向顶层的那扇小门被发现了。领队的人一开门就看见了我，他瞬间用枪顶住了我的喉咙："快告诉我你父亲在哪里，否则我就杀了你。"

"他不在这里，他和我祖父在一起，他们有事情要讨论。"我试图引开他们的注意力。但其实这个时候，我的祖父已经在另一所房子里被捕了，但是这个士兵小队在找寻我父亲，所以并不知道我祖父那边发生的事情。

那个人显得一时无措起来，似乎也不知道该不该相信我的说法。当时他们也没有即时通信的工具，因此很难马上确认我的说法是真实的还是谎言。

有一瞬间，我感觉那人几乎被说服了。

但是当他又重复了几遍要杀了我的威胁之后，藏在旁边"密室"里的父亲自然清楚地听到了一切，他自己从藏身处走了出来，说："不要开枪，我在这里。"

那些人让我父亲从露台上跳下来，他在推搡中腿被割开了一个大口子，血流如注，士兵们不得不做了应急包扎。当父亲最终被带走时，他经过的地板上留下了大摊的血迹。

父亲被押送上了卡车，我和母亲跑出去，就那样看着卡车开走，消失在夜幕中。

母亲向来是一个非常冷静的女人，但在那一刻，我清楚地记得，她突然爆发出了一声痛苦的尖叫。当时,我11岁的弟弟尼克带着真诚、无辜的眼神，跟母亲说："爸爸会没事的。"很多年以后，母亲依旧记得当时年幼的弟弟说这句话时带给她的安慰。

但事实上，那一刻，我们根本不知道此生是否还会再见到父亲，不知道等待他的会是什么。

事发后，去学校上课变得非常令人沮丧，因为在学校里，我们被迫收听各种独裁的宣传课程，我感到非常气愤，心里充满了抗拒和难过。

此后大约有两周的时间，我们不知道父亲和祖父是死是活。他们先是被关在雅典郊外的一家旅馆里，关于是否处决他们进行了激烈讨论，最终没能确定。最后他们被送进了监狱，等待审判。

军政府试图寻找证据，证明我父亲和祖父密谋推翻政府或者发动政变，于是他们一而再，再而三地搜查我们家的房子，翻箱倒柜试图找各种文字和蛛丝马迹。一会儿是军队的人，一会儿是警察，一会儿是号称"便衣"的人（也可能是CIA的人），随意进入房子里找东西。

尽管那时候我还是个少年，尽管母亲也在家里，但我还是立刻有了一种"我现在是这个家里的男子汉了"的意识。这种成长不一定是要面临像父亲入狱、独裁统治这么严重的事件，也可以是你被限制在一个角色里感到无能为力、感到压力和不安的时候，思考该如何摆脱它，去建立新的生活。要知道任何困境都不会永远不变，即便外部条件不可改变，你也可以思考什么是自己能改变的。

当时我另一个弟弟不明白为什么父亲会坐牢，我给他编了一个故事，说父亲是在监狱里教囚犯经济学。当时他七八岁，我们不想让他百思不得其解，编个故事更有用。

营救

母亲则立即开始尝试与外界交流，寻找营救我父亲的方法。父亲在美国明尼苏达州任教时，曾是休伯特·汉弗莱（Hubert Humphrey）的主要顾问之一。休伯特·汉弗莱是民主党总统候选人，也担任过美国副总统。在当时的政治环境下，父亲在美国很有影响力，也曾担任过民主党内的经济顾问，所以他认识当时几乎所有的美国顶尖经济学家，包括肯尼迪身边的那几位。因此美国政府及国际环境给了当时的希腊独裁统治一些压力。

母亲动员了海外的各种力量来帮助解救父亲，最终她确实做到了。因为父亲是经济学家，曾经与他共事的美国顶尖经济学家，其中包括我父亲在明尼苏达大学任教时的前同事，知名经济学家里奥·赫维克兹（Leo Hurwicz）、著名经济学家约翰·肯·加尔布雷斯（John Ken Galbraith）等纷纷联合起来向当时的美国总统林登·约翰逊（Lyndon Johnson）求助——肯尼迪遇刺后副总统林登·约翰逊就职担任总统。有本书里曾引用过林登·约翰逊当时所说的话："打电话给肯·加尔布雷斯，告诉他我已经让那些希腊混蛋把那个狗娘养的家伙放出来——不管他是谁。"

据说约翰逊总统后来曾对加尔布雷斯说，这是他有生以来第一次看到经济学家们在一件事上达成一致。

这虽然是一个笑话，但我父亲确实很幸运，他有国际声誉，还有母亲不遗余力的支持。

信号

父亲在牢中被监禁期间，母亲也想尽办法与他保持联络，给予他信心，我们实际上都担心他会崩溃或者抑郁，甚至被暗杀之类的。当时他的牢房是被单独隔离的，但有扇窗户对着外头的马路主干道。于是母亲每周会有一个晚上开车去那条路，我也会陪她去。她会摇下车窗，点上一支烟，等着看那扇牢房的窗户里，父亲也点燃一支烟，看到那一点微弱的火光在黑暗中闪烁，至少能让她确知他还活着，这就足够了。

那是他们之间约定的一个信号。

后来我们被允许到监狱一个特殊见面室里和他会见，我妈妈还"发明"了一种特殊的聊天方式，一种警卫听不懂、不能理解的方式，来告诉父亲那些她在外面正在进展的努力，类似于"你还记得我们去过的那个岛上的小酒馆吗？还记得当时和我们在一起的人吗？""某某某最近生病了，只能卧床""我最近给你当时的教授写了一封信，向他致以问候"。

实际上我当时也听不懂他们在说什么，但我明白，妈妈是想尽可能地给父亲一些希望和安慰，让他知道她和其他的朋友正在努力，她用自己的方式勇敢地支持着他。

即便是在被监禁期间，父亲当时也被允许阅读，我们就给他带了很多书。虽然他入狱只有 8 个月，但他出来的时候一头深黑的头发都变白了。这 8 个月对他来说显然是一段很沉重的经历，但他也找到了方法来度过——我不能开门离开，但我可以通过读书"离开"，去不同的世界。打开书本，畅想、学习、思考，都可以。

获释

当时，还有两个不知名的人物也让我印象深刻。

每次我们等着去监狱探访之前，都会坐在监狱对面的一个咖啡店里等通知，那儿有一个疯狂支持军政府的人，他看到我们就会踢地上的罐子，大喊支持极权的口号；同时还有一个常常喝得醉醺醺的人，他会大喊反对军政府的口号反击前者，还会跑到我父亲牢房的窗户底下给他唱抵抗歌曲，有时候不可避免地会被警察带走甚至殴打一番，但一旦伤好了，这个支持者又会回来做同样的事情。

我记得那是一个星期六。希腊逢周末总是会举行足球比赛，在监狱里也会通过收音机转播比赛。那天下午我和母亲正在特殊见面室和父亲说话，忽然我听到了整个监狱都在欢呼咆哮，一开始我以为是足球比赛中有人进球了，但是随即反应过来很少有进球能让所有人都欢呼的，因为大家总有各自支持的队伍。

我的预感是对的，欢呼不是因为进球，而是政府宣布了：

我们将"赦免"安德烈亚斯·帕潘德里欧和其他所有政治犯。

乡愁

父亲被放出来时已经是圣诞节了。

我们欢迎他回家，但是他知道留在希腊绝不安全，独裁者不会放过他，事实上他们很快就来找碴了，因此我们全家都必须尽快离开希腊。父母当时尚不确定他们会在哪里稳定下来，他们先去了法国，又去了瑞典。他们认为，如果希腊的独裁统治继续下去，我很可能要在美国上大学，所以就让我先去美国准备一下。

又一次离开希腊时，我被托付给了父亲的一个正好也要去美国的朋友，我们坐轮船抵达纽约后，他把我送上了一辆灰狗巴士（Greyhound，美国跨城市运营的长途巴士），然后我就一个人去了芝加哥，那时我 14 岁。

离开希腊确实让我非常伤心，但到美国后也有一种重获自由的感觉。那是 20 世纪 60 年代的美国，一个开放自由的时期，同时也很迷幻。年轻人都在开派对，和在希腊的生活相比是完全不同的体验。

这期间我也回过一次希腊——1968 年参加祖父的葬礼。祖父在软禁中去世，最终还是没有被释放。我回去了 3 天，全程被监视着。父亲甚至无法回来，因为他只要出现就将面临再次被捕入狱的风险。那场葬礼带给我的是一种非常复杂的悲伤感受，一方面我失去了祖父，但另一方面有成千上万的人因此聚集了起来。

在葬礼举行当天，整个雅典的店铺几乎都关闭了，人们走上街头举行了对独裁的示威游行，这是一场为了自由的呐喊抗争。作为家属，我们在守灵的地方坐了一整天，有无数的人前来表示对我祖父的敬意，讲关于我祖父的小故事，表达对独裁统治的反对和对自由的支持。

葬礼之后，我再次离开希腊，那时候我们完全不知道自己是否还能再踏上家乡的土地，不知道流亡何时会结束。西班牙和葡萄牙被独裁统治了 40 年，谁知道希腊的命运如何，会不会永远没有尽头？那是一种非常错综复杂的情感。希腊之外的世界，是自由的，但也是无尽的乡愁。

然而，乡愁的痛苦也点燃了新的斗志，带来了真正的思考。有很多关于"希腊应该如何改变"的激烈讨论，正是我父母和他们的支持者、朋友们在流亡期间开展的，其实，那也是一个充满创造力、生命力的时期，危险确实永远和机遇并存。

就这段经历对我个人的影响而言，我想经历过苦难的人，都会像我一样获得同理心。

亚里士多德提出理性（Logos）和感性（Pathos），我们需要在其中找到一种平衡，如何结合它们是至关重要的。我们需要理性地思考，但同时也要感受到一种感性驱动力——其中一种就是同理心。当你在一个有权力的位置上，你容易被权力的规矩限制——你需要和系统、规矩、危机打交道，并忘记自己实际是在与人交往，而不是建筑、公路等。你需要有同理心才能理解你的决定会如何影响人们，他们的痛苦、欲望、热情等。

同理心指引我们，让我们能互相理解，让我看到自己身上人性的一面，并且以同等的方式看待别人，这对我之后的政治生活非常重要。

暗杀未遂

另外让我印象深刻的事情就是父亲曾遭遇过三次未遂的暗杀，其中两次是我们全家在瑞典期间。

第一次是有人试图纵火烧我们刚到瑞典时暂住的小岛，估计那件事让我们仅有的两户邻居不太高兴，因为连累他们也陷入了险境。

第二次暗杀也是纵火。父亲在瑞典创建了一个抵抗独裁运动的组织。圣诞节前夜，我们去市里购物，准备圣诞礼物，之后我们去了父亲在市中心一栋大楼7楼的办公室，那里也是他们抵抗组织的总部。因为是节日，楼里没有什么人。大楼底部有一个巨大的储物空间，堆满了礼物包装纸和垃圾等，有人就在那儿放了一把大火，试图烧掉整栋建筑，而我们则被困在7楼。

当时我正坐在父亲的办公室里，突然闻到一种奇怪的气味，我打开了门，瞬间楼道里所有的烟雾都涌了进来。"着火了！着火了！"我大声呼喊，大家开始试图打破窗户——当然并不是打算从7楼跳下去。

很快消防员来了，并最终扑灭了大火。

第三次未遂的暗杀发生在加拿大。我没有亲眼看见，听说是有人带枪来袭，最后并没成功。于是我们家里采取了一些预防措施，曾经还养了一条非常勇猛的大狗。

关于那些暗杀事件，父亲从来没有给我们讲过细节，可能因为那时候我们都还是孩子。那是一个艰难的时期，当时我们虽然未成年，但早已习惯了那种迁徙的生活。

我们有时会倾向于将悲伤和快乐都简单理解为一种情感表达，但忘记了更重要的事——我们可以超越自我，超越某些过往的经历和刻板印象。后来，父亲参加不同的选举活动时，也是有赢有输，他也会感到失望和沮丧。我也是如此。我从父亲那里学到了如何处理这些人生中的起起伏伏，在"风暴"之中如何实现内在的安全感。

当我们遇到问题时，父亲会给我们一些意见，但不会干涉。他也会用他的方式保护我们，因为他知道面对那种压力的感觉。

我们也希望现在的孩子们在有压力的时候，能找到属于自己的超越当下困境的方法。

我自己曾在竞选失败后，邀请所有和我一起工作的人共进晚餐。我说："让我们跳舞吧！"每个人都参与了进来。这件事当时迅速传遍了社交媒体，大家知道"我们会继续保持前进"。

保护

在瑞典做清洁工的时候，我也打扫过幼儿园。在瑞典幼儿园里，孩子们可以非常自由地到处活动，那里的环境非常安全，就算孩子们摔倒、碰撞，会感受到疼痛，但不太容易受伤。这是一种平衡，我们要保护孩子，但又不要过度保护，因为孩子需要慢慢发展他们自己的技能、反应、自信，也得知道什么是困难，生活并不总是美好的。

如果一个人一生都被保护得完美无缺，我想他最终可能会很痛苦，因为他似乎失去了成就感，从来不需要为自己战斗、抗争、争取。

学校里的学习困境可能很多，但那也只是人生的一个方面，生活的其他部分都在不断发展。人需要在尽可能多的起伏中学习生存。

幼时我在加利福尼亚的时光，有点像普通的中产阶级生活，有一些小小的冒险，但基本上是像其他人一样的普通生活。少年时在不同的国家四处迁徙，则是生活的一个巨大转变。

尽管我在希腊确实享有某种特权，但作为一个天生带着家族姓氏的孩子，我首先会有很多压力，背负着很多期望。你必须做出点什么成绩，保持前进，甚至这还远远不够。你必须成为某种榜样，展示给别人"什么是对的，什么是错的"，就学习而言，你得是优等生，你得有所成就。所以获得的期望越高，心理压力越大。

但同时，我也亲眼见证了特权的脆弱和生活的无常。

前一天生活在那些特权里，第二天就失去了一切——父亲在监狱里，祖父在监狱里，自己和家人被流放。

虽然我们被流放时不像现在一些新闻中的难民，挤在一条随时可能倾覆的小舟上穿越地中海，但仍然会有那种恐惧：我们会在边境被拦截吗？我们会被抓住吗？我们到了陌生的地方，又必须重新构建新的生活。

所以，我的经历教会了我：获得某种特权不是生活的目的，家长和孩子都应该谦虚地意识到这一点。

后来我在希腊也看到过，一些家庭突然获得财富，实现阶级跃升之后，不想让自己的孩子再辛苦，希望他们不用努力工作，不用劳动，顶多要求他们在学习上花点工夫。孩子需要的任何东西，家长觉得都可以提供，无论是一台新电脑还是一辆新车，或者去参加派对、出门旅行、进行某种运动等。家长试图付出一切，但孩子却似乎没有任何感觉，因为他们从未为任何目标而战，他们什么都没有付出却已经赢得了一切。这会产生一种虚假的安全感，因为这样的孩子并没有真正获得自己的生存技能。

当你在生活中遇到挑战，你必须克服它。你向它宣战，让它实实在在地塑造你性格中坚忍的那部分，建立你对自己的理解，也建立你对周围世界的理解。

挑战也给予了我们在面对逆境时可以依靠的东西。你不会绝望，即便身处逆境，你也可以振作起来，说："好吧，让我试着处理一下！"而不是说："这太可怕了，我该怎么办？"

无论是你的身体或是你的思想，还是你的性格或其他方面，你都必须找到一种方法来锻炼它，比如去学习、去接受教导等，并接受挑战。当然，以一种不会完全伤害你或损害你的方式。

生活中还有其他的事，我们可以为社会变革而战，为某些价值观而战，为各种少数群体的福祉而战，为保护环境而战等。这些是大问题，会给你带来一种使命感。而在受保护的生活中，人可能会渐渐失去目标感。

我之所以在爱格社区和我们的年轻学者们讨论"认识自我"，就是要尽最大可能确保年轻人不是被教育体系推向了某个方向，而是他们真正理解自己想成为什么样的人。

第五章

少年乔治漂流记

如果你现在问我年轻时这段四处迁移的经历让我收获了什么，我会告诉你："这对我来说是非常宝贵的经历，让我明白：教育体系是如何真正地改变着我的人生观、社会观和价值观，也让我在很小的时候，就希望成为一名世界公民。在这个过程中，我觉得我必须学会跨文化交流，理解不同的文化，同时也了解我自己。"

漂泊

如果你在一个国家生长、生活了许多年，等到年龄稍长时再去另一个国家，和年幼时搬家的情况又有差异。因为你还不了解新环境的文化，但你已经有了旧环境塑造的思维方式和文化基因。

我被迫离开希腊到美国读了一年中学后，就又一次坐船去到伦敦，之后又辗转到了瑞典，与我的家人会合了。

父亲在瑞典的大学里当了一年的教授，后来他又转到了加拿大多伦多的约克大学（York University）。我的生活也随着父亲的工作安排而切换着。

我刚到瑞典的时候是夏天，那是一段有趣的经历。我们被安顿在斯德哥尔摩周边的一个小岛上。如果你看看斯德哥尔摩地图就会发现，它周边有大约1万个小岛。我们的小岛上只有3栋房子，得乘坐一艘小摩托艇才能从一个稍大的岛上转过去。当我们需要购买食物时，也必须乘坐小摩托艇去另一个岛上的超市。

瑞典夏天的海水也是很凉的，我和弟弟会跳进去游泳。那里的蚊子很多，所以我们会用很多驱蚊液，几年后当我再次闻到这种味道的时候，就会想起那段日子。

基础工作

我 18 周岁以后，母亲说她不再给我钱，要我自己去挣。希腊的父母会习惯于给孩子一切，但母亲是美国人，她希望我独立。

我在加油站工作过，也当过园丁、建筑工人，修过网球场，铺过路。有一次，我还通过砍伐病树挣了不少钱。

工作是我少年时代重要的课程，我从中学习到的东西，对我日后的从政经历也助益良多——虽然当时我并不知道自己后来会成为希腊总理。经历过基层劳动，我更能明白钱的价值，朋友的价值，困难的价值。从基础工作做起，也会赢得团队里所有人的尊重，这也是非常好的领导方式。

我不确定我工作过的那个加油站现在是否还存在——加拿大 E400 公路上的国王城加油站。那是人们去往北美五大湖区之前的最后一个补给站，北上的人几乎都会在那里停一下，因此那里的工作相当繁忙。

那时候我每小时的薪水大约是两美元，但会得到小费，工友们会把收到的小费放在共同基金里。我的工作服是那种裤子上有背带和大口袋的防护服，我总是会在大口袋里装上一本书，一有空闲的时候就读书。

我的工作包括给车加油，清洁，检查发动机、轮胎等，但其实那时候我已经能做全套基础的汽车修理工作。对于一个青春期少年来说，看到那些豪华汽车、车里的漂亮女人每天从身边经过是很有趣的。我还写过一首歌，是关于搭便车的，因为看到车来车往时，我的幻想就是：搭上一辆便车来一场说走就走的旅行。

那首歌的歌词大意是：

一辆车经过，

我想让它停下。

它就像一位美女，

不要只从我身边经过，

宝贝，

不要只从我身边经过，

带我上路，

让我自由，

宝贝。

我在求学时代待过的国家里几乎都打过工。在美国上大学的时候，周六我在一家小咖啡店打工，一开始只是洗碗工，后来被提升为做汉堡、煎鸡蛋、炸薯条的店员。

在伦敦上学时，因为我会说瑞典语，曾经为一家丹麦旅游公司做导游，负责接送从北欧来英国短期学英语的游客。我需要凌晨两点去机场接人，把大家送上大巴，再一一送到酒店或者寄住家庭去。

在瑞典，我也干过很多份工作，干得最多的是清洁工，工作强度很高的那种。比如在暑假时，瑞典人大多去休假了，很多地方就会暂停营业，利用这个时间完成深度清洁工作。有段时间，每个周末我都会在斯德哥尔摩做清洁工，那段时间几乎半个斯德哥尔摩都是我清扫的。

我去过工厂，负责对厂房的墙、窗户、地板喷水然后用大型机器刷洗地板。还去过学校，把所有孩子在课桌上写下的五花八门的签名涂鸦之类的东西全部擦干净——这可不容易。我还干过清洗整艘船的工作。

而且有时我会同时做好几份工作。比如早起去一个超大购物中心，负责打扫那儿的一个区域，再去邮局，把收到的邮件分类放在不同的盒子里——现在这些都是由机器完成的了。有时候周末我还去赛马会工作，负责在旧式电脑上把玩家们的下注情况、输赢结果都记录并打印出来。

在加拿大上高中时，我还卖过酒。我做过很多这种很基础的工作，也算尝尽世间百态吧。

收获

如果你现在问我年轻时这段四处迁移的经历让我收获了什么，我会告诉你："这对我来说是非常宝贵的经历，让我明白：教育体系是如何真正地改变着我的人生观、社会观和价值观，也让我在很小的时候，就希望成为一名世界公民。在这个过程中，我觉得我必须学会跨文化交流，理解不同的文化，同时也了解我自己。"

我学会了理解不同文化或不同情况下的人，理解差异存在于文化中。这给了我一种包容感——有能力倾听别人的感觉。我会真正试图深入理解：这件事对他们意味着什么？

这也带给我一种天下大同的感觉。我们都是人，有不同的文化，我的经历给了我能从不同角度看待事物的可能性。同样的问题，不同国家的人是如何处理的？不管是面对出生、死亡、家庭还是工作。在不同文化中，什么是享受？什么是成就感？不同地方的人都看重什么？

当有事情发生时，我的脑海中可能会有三四个声音同时响起：希腊式的我对这个问题会有什么反应？那加拿大式的我呢？瑞典式的我呢？这让我看待事物有更多的可能性，甚至让我在解决问题时可能会剑走偏锋，创出一条新的路。它让我不会被某种文化的影响所束缚。

事实上，人在青少年时期，比我们预期的更有适应性。

我的朋友罗纳德·海菲兹（Ronald Heifetz）在哈佛大学肯尼迪政府学院教领导力，他提出思考并倾听脑海中的声音，同时也要学会拉开距离去审视。这句话的意思是，假设你在群体中、工作中，或者家庭中——任何类似的环境中，你都可以想象自己"走上阳台"（Getting on the balcony），站在阳台上往下看，拉开一定的距离，你可能看到的不是你对即时刺激的反应，而是理性思考、理解和分析。

当你拥有不同的文化背景时，这种意识模式几乎会自动启动：

好吧，现在我要戴上我的美国帽子，或者戴上我的中国帽子去思考问题。在外交工作中，这种能力其实非常重要，你更能设身处地地为对方着想。

我记得在中国见到习近平主席时，他曾对我说过一句中国谚语：鞋子合不合脚，自己穿了才知道。在英文中也有类似的话。你知道什么样的鞋子自己穿着合脚，你也必须了解其他人需要什么样的鞋子，为什么要穿那样的鞋子。其实就是换位思考，如果我在他的位置上，我会怎么做？从他的角度是如何看待这个问题的？这是理解不同文化的真正意义。

比如，在希腊文化中，在学校受到批评几乎是再正常不过的了，如果你做错了什么事情且坦白了，等着你的绝对不是对你诚实的奖赏，而是对做错事的惩罚。你会因为说了实话而受到嘲笑、惩罚或霸凌。久而久之，你就会学会隐瞒错误，没有动力去承认错误。但在我生活过的其他国家，对错误的态度是截然相反的。承认错误是勇敢的表现，值得鼓励和表扬，人们更关注的是我们如何去解决问题，纠正错误。这是两种差异巨大的处理问题的方式，目的可能都是为了教育孩子，但会产生截然不同的结果，这与社会的整体认知有关。

这些不同的认知塑造了我的观念。

我的爱人温蒂（Wendy）是荷兰人。她说过，在荷兰文化中，同一张桌子上两个人单独窃窃私语是很不礼貌的行为，如果你在学校教室里跟另一个同学小声说悄悄话，老师很可能会点名要求你把话对全班讲出来。她教会了我很多——我想敞开心扉，想告诉你真相是什么，你不会因为说真话而受到威胁。这实际上被视为一种优势。

即使在一个开明的社会里，一个政治家站出来承认，自己以前的观点是不正确的，或者自己的看法变了，至今这仍然是非常大胆的行为。但我认为即便不属于社会普遍认同的价值观，我们还是能自行决定是否要把真诚放在第一位。我的这些融合的文化背景，让我在从政生涯中，对自己的错误都能勇敢地承认。

第六章

给予年轻的我更多尝试和选择

但我不想仅仅把社会学作为一种理论来学习，因为大学更像是一个与世无争的世外桃源，尤其是在阿默斯特学院，尽管也有一些活动，但与世界其他地方相比仍然是隔绝的；而我要走出去，看看真实的社会，真实的生活，真正的问题，看看我们能如何为民主和希腊而战，如何为变革而战。我想积极地参与到真实的运动中去。

阿默斯特学院

我大学选择的是阿默斯特学院（Amherst College），这是一所文理学院，多次被评为全美最佳文理学院。我选择阿默斯特学院是因为那里非常袖珍——那时候，我认为小型学校里的课程质量一般都很高，学习和生活都更为私密，师生之间会有更紧密深厚的关系。

我大学时的时间基本是围绕学校日程安排的，按照课程表上课，课余时间会锻炼，下午或晚上如果完成了阅读计划，我会和同学朋友们一起弹吉他、学唱歌或者参加其他课外活动，也可能去剧院、听讲座、四处散步。周末也会去附近的女子学院，比如史密斯学院（Smith College）串门。

工作时间都是放在周末，比如去学校里的一个快餐店打工。每周五我还有一个广播电台节目，内容是关于希腊尤其是希腊的音乐和文化，这个节目不仅是针对希腊人社区，也是向更多人介绍希腊。暑假则是更为密集的打工安排。

我还记得刚到阿默斯特学院的时候，他们让我选择宿舍时，问我想和与我有类似背景和兴趣的人住在一起，还是和我很不同的人，我选择了后者。正因为我周围的同学都是来自世界各地的，思想上也有着巨大的差异，在与他们的讨论中我才能听到各种各样的观点，这也很大程度上锻炼了我的多元包容性和批判性思维。

社会学

我们中的许多人在十七八岁时带着学习的愿望进入大学，很可能是被父母或老师或社会推动着。他们告诉我们"什么是好的，你应该学什么，你应该成为什么人"，我们会认为，好吧，这就是我应该做的。

比如我的数学成绩一向非常好，所以最初我决定在大学主修数学。毕竟我父亲当时是世界上最早将数学应用于经济学的学者之一，他出版的第一本书中就有这方面的内容，我也对他的研究有所了解。

但是等我进入大学之后，我才开始思考，我真的想学数学吗？我意识到，擅长数学并不意味着一定要将数学作为职业（父亲同样也是放弃了数学专业转到经济分析专业）。

尽管价格十分昂贵，但美国的大学教育能给学生很多不同的选择，学校和教授也会给学生很多帮助，不仅限于学业上的帮助，更多的是帮助并引导学生选择未来的职业，而非简单地将学生扔到海里，说："游吧！"

在美国的大学系统中，你可以选修许多不同的课程，不必在第一年就决定学什么专业，所以我选修了心理学、历史、社会学、化学、语言学等其他课程。我会去听演讲，听电影分析，做了很多不同的事情，这些都很重要。

最终我选择了社会学。部分原因是因为当时的政治环境，但另外一部分原因是为了尝试不同的东西。我认为社会学能让我从更广阔的视角来观察社会正在发生的事情，我可以观察社会的方方面面，而不是陷入一个特定的非常细分的领域。

学术界某些方面可能会存在过度专业化的问题——你必须写一篇独一无二的论文，找到别人没有写过的东西或不同的研究方法，这很困难，使得学生不得不因此而刻意去寻找一些非常非常琐碎的问题。小问题当然可能会引发科学的重大突破，但更大的可能无非又多了一篇论文而已。

我喜欢社会学，因为可以接触到从犯罪到社会发展、教育、阶级分析、种族问题等各种各样的议题，其中也涉及历史视角，许多社会学家甚至在政治上相当激进。社会学能给我更加广阔的事业和不同的看待问题的角度，这使我十分着迷，当时我学的课程之一便是关于中国与印度的。

间隔年

事实上，一开始我也不太想直接去上大学，而是想在本科学习开始前先过一个间隔年（Gap Year），但当时父亲担心我可能会就此脱离学习，不再上大学。当然，我认为那绝不会发生，而且间隔年当时是普遍流行的选择。

于是，读了两年大学后我还是选择"放飞自我"——当时身边相当多的人都和我一样。我决定开始间隔年的原因有很多。其中最主要的是我想去做一番自我探索，或者说认识自我，寻找自己的路。

父亲对此既不鼓励，也不反对。

我的大学时代，也是一个有着很多社会问题的时代。我们会谈论越南战争和马丁·路德·金（Martin Luther King, Jr）。当时各种社会运动风起云涌，出现了许多非常著名的运动人物，为社会正义、平等、反对种族主义等各种理想而战。

在20世纪的那个年代，各种运动都给人一种非常强大的参与动力，它们会让人感受到：你应该为自己感到骄傲，不论你的肤色、基因、背景、文化，都应该有自豪感，这种思潮也影响着美国所有的种族群体。对于在流亡中的我来说，见到过许多来自其他国家的流亡者，与他们交朋友、聊天，这都是社会学所研究的内容。

但我不想仅仅把社会学作为一种理论来学习，因为大学更像是一个与世无争的世外桃源，尤其是在阿默斯特学院，尽管也有一些活动，但与世界其他地方相比仍然是隔绝的；而我要走出去，看看真实的社会，真实的生活，真正的问题，看看我们能如何为民主和希腊而战，如何为变革而战。我想积极地参与到真实的运动中去。

当时我对学术研究的困惑已经到了比较严重的地步，我不知道它如何能与我的愿望或需求联系在一起。那些课程很有趣，但是对我的生活而言有意义吗？我该如何在生活中使用学来的知识？

对此我思考了很多。当你年轻的时候，你被告知应该学这个，做那个，你去做了，甚至你可能喜欢其中的一些课程，但你不清楚这与你的生活有什么关系。而当我去过了一个间隔年回到校园的时候，我真的充满了学习的动力，因为我清晰地知道学习能如何帮助到我，由此我也更专注于学习了。

我最初很想去意大利，那里有成千上万年轻的学生，非常活跃。但父亲不想让我去，因为当时意大利的极端独裁主义者和社会主义者、共产主义者之间的斗争非常激烈。有人被杀、被绑架，政治形势非常严峻，甚至有人认为意大利也可能面临独裁统治。父亲说，他没法在那里保护我。

所以最终我选择了相对安全的瑞典，在瑞典的斯德哥尔摩大学注册了两三门课——不是作为正式学生。

我先学了瑞典语，接着开始研究瑞典的移民情况。后者需要我动手去调查，比如去移民机构获取数据并进行相应的研究：为什么会有人成为难民？他们登记后要等多长时间获得某些资格、身份或福利？我最主要的研究是，他们在等待批复的时候如何生活。因为他们不得不非法务工，很可能因此受到剥削，这种情况应该如何改变？

我当时的老师非常喜欢我的研究论文，我得了 A。

除了移民问题，我还研究了瑞典的成人教育系统。

瑞典有一个覆盖很广的成人继续教育系统，每年大约有 200 万人参加各类成人教育课程。实际上成人教育的兴起始于工会，19 世纪初很多人不会读也不会写，生存濒临绝境。工会就想办法组织工人突破第一个生存的关卡，即让老师教他们识字、阅读来扫盲，这推动了后来庞大的成人教育运动。

瑞典也为移民提供教育，当时瑞典有很多希腊人，也有来自世界其他地方如南斯拉夫、波兰以及拉美、非洲的人，其中许多人压根不会说瑞典语。

那段经历也启发了我什么是成人教育，如何组织成人教育。瑞典还有民间学校，也非常受欢迎，基本上是为完成中学学业但不确定自己想做什么的青年人准备的。大家会在民间学校待一两年，一起做社区工作，一起做饭，出去做社会服务，帮助贫困人群，等等。这些教育都是斯堪的纳维亚半岛悠久的传统。

除了学习，我在瑞典还有一件重要的事情，就是参与希腊抵抗运动。那时候我父亲经常四处出差旅行，也会来斯德哥尔摩——那里也是希腊抵抗运动的大本营。当时的希腊大使馆被独裁政权控制，所以他们安排了很多间谍监视抵抗运动。他们会派特勤人员出去暗访，试图渗透运动，制造麻烦或威胁参与者留在希腊的亲戚等。

某一天，在我上课时有人来找我攀谈——他不知道我是谁，但聊着聊着，就试图招募我加入反对帕潘德里欧抵抗运动的阵营，想起来很是滑稽，有点黑色幽默。

当你生活在独裁统治下，你不会轻易和别人分享你的生活，因为担心那些信息可能有朝一日会被用来对付你。因此，所有和我父亲一起工作的人在所有的交流中都用假名，他们有不同的名字，我的代号是"忒勒玛科斯"（Telemachus），是希腊神话中奥德修斯之子。

我在瑞典时并没有刻意隐藏我的身份,但那个人只知道我叫乔治而已。他告诉我说那个可恶的帕潘德里欧正在加拿大的多伦多谋划很多可怕的事情,想颠覆希腊政府。他说:"你为什么不来帮我们呢?"

我确实跟着去了几次,因为我想知道我们的"敌人"如何工作。

后来,当父亲某次来斯德哥尔摩发表演讲时,那个人非常惊讶地在现场看见了我,他这才恍然大悟,我正是"可怕的"帕潘德里欧家的孩子!他是以"间谍"的身份来到我们的集会的,所以看到我时一脸震惊,从此之后我再也没见过这个人。

研究与教育

回到阿默斯特学院后的两年,我做了一个关于康涅狄格州斯普林菲尔德当地希腊社区的研究。我主要的社会学研究方向是希腊移民社区如何成为美国国内的一股政治力量,以及为什么他们更偏向于认同保守势力。我试着去了解不同阶级的人的想法,比如说希腊工人阶级,他们因何认同美国精英,以及他们是如何在美国工作的,种族群体是如何被吸收并变得美国化的,等等。

我的研究对象虽然是希腊移民,但这些不仅仅发生在希腊移民身上,也可能发生在中国移民、印度移民、墨西哥移民群体中。当时的美国总统尼克松支持希腊的独裁统治,而大多数希腊移民社区也支持独裁统治。我很好奇,你们这些想要来美国获得自由的人,怎么会反过来支持希腊的独裁统治呢?即使美国的外交政策支持,作为希腊人难道不是应该反对它吗？但事实是他们非常强烈地亲美，在某种程度上，他们想变得更美国化。

在与希腊独裁政权的斗争中，来自海外非希腊人的支持有时比来自希腊人的支持更多。所以，我当时的学术研究也在试图解释种族身份是如何经常被同化的。

与此同时，我一直对教育充满兴趣。那个时候，我也阅读很多关于教育的文章，各国的教育家如何为解放而战的斗争经历。还有一些教育工作者是如何为了帮助被压迫者而战的，其中一个叫保罗·弗莱雷（Paulo Freire）的巴西人，他在拉美和非洲都是一个非常著名的人物，给了我很多启发，他写了一本书叫作《被压迫者教育学》（*Pedagogy of the Oppressed*）。我回到希腊后开始担任政府要职，开始了成人教育运动，并和保罗·弗莱雷取得了联系。我去巴西见到了他，参加了他的一些会议，后来请他来希腊给我们开研讨会，讨论我们应该如何在希腊发展我们的教育运动。

第七章

离希腊更近一点

　　当时你可以看到很多不同国家在美国的第二代、第三代移民，如希腊人、波兰人、意大利人等，都开始觉得他们必须把自己日渐失去的传统文化带回到生活中，因为在某种程度上这些文化在美国都被压制了，包括许多带有国家或民族特色的名字也被美国化了。我记得我有一个同学，他的希腊裔父亲从纽约的爱丽丝岛登上了"新大陆"，但是注册的时候移民官并不会写那些异国名字，就直接把他的名字写成了差不多发音的英文名字。

战友

我父亲发起的叫作泛希腊解放运动，旨在将希腊从独裁统治中解放出来，恢复自由、民主、社会正义等。实际上他为此环游了世界很多地方，我有时也和他一起旅行，一路去澳大利亚、拉美等地，组织希腊侨民联合起来。

我主要在加拿大、美国和欧洲活动，同时也参与了同时期的许多其他运动，比如反越战等。当时你可以看到很多不同国家在美国的第二代、第三代移民，如希腊人、波兰人、意大利人等，都开始觉得他们必须把自己日渐失去的传统文化带回到生活中，因为在某种程度上这些文化在美国都被压制了，包括许多带有国家或民族特色的名字也被美国化了。我记得我有一个同学，他的希腊裔父亲从纽约的爱丽丝岛登上了"新大陆"，但是注册的时候移民官并不会写那些异国名字，就直接把他的名字写成了差不多发音的英文名字。

很有趣的是，当某些民族移居去其他国家时，他们会从事某类特定的职业，比如中国人会开洗衣房和餐馆，而希腊人大多也会开餐馆。在阿默斯特学院上学时，我和同学们放学后不去学校的餐厅，我们会去附近找更便宜的聚餐点，其中就有那家贝尔比萨（Bell's

Pizza），是家希腊比萨店。

贝尔（Bell）这个名字听起来像英语，但实际上店的主人叫贝洛扬尼斯（Beloyannis）。贝洛扬尼斯是第二次世界大战期间希腊对抗纳粹的战士，而这位贝尔实际上是贝洛扬尼斯的堂兄弟之一，贝洛扬尼斯为了争取自由而被处死，因此这位贝尔显然也是位进步人士。我们会在比萨店里滔滔不绝谈论各种政治议题。我也会直接问他，我们在为希腊的自由而战，他能不能一起帮忙。

当时我做过很多社会活动，并且通过和当地的希腊人社区交流，让他们尽可能多地参与到反抗活动中来。我之前提到过我在学校有一个广播电台，做希腊语节目，放希腊音乐，但更重要的目的是谈论希腊正在发生的事情，告诉人们为什么我们必须为自由而战，等等。

我组织反抗活动的目的是想让公众了解希腊正在发生的事情。阿默斯特学院的许多学生和当地社区的居民都参与了我们的运动。我们会采取不同的行动，比如示威，在领事馆前绝食抗议，还有发动媒体等；在某些国家，我们会游说当地政治家采取行动，不让他们的政府支持希腊独裁政权；同时也有很多组织内的教育工作：我们想要什么样的组织，我们梦想的更好的希腊是什么样的？希腊需要改变什么？为什么我们会走到军事接管这一步？我们如何确保在某个时候重获自由后，这种情况不会再发生？

在这场抵抗运动中，很多人要么是社会主义者，要么是共产主义者，实际上也有很多毛泽东思想的信仰者。我们也会与其他同时期开展活动的组织互动，当时在巴黎有五月风暴的学生运动（May

1968 events in France），在拉美有反对独裁统治的解放运动，而葡萄牙人和西班牙人仍然处于独裁统治之下。美国本土除了反越战运动，还有妇女运动、环保运动、种族运动，包括一些反歧视同性恋运动也开始了。

所以在 20 世纪 60 年代末那一时期，美国乃至整个世界都相当动荡且分裂，到处充满了关于社会的大量讨论：世界将走向何方，有什么问题，如何改变现状？出现了很多非常重要的人物，比如马丁·路德·金、马尔科姆·艾克斯（Malcolm X），以及肯尼迪家族那些人。也发生了很多令人震惊的暴力刺杀事件。当然，还有非常大规模的示威游行，我们也会经常参加其他示威游行。例如华盛顿举行了反对越战的示威游行，所有不同的团体——不仅仅是反战运动的团体——来自拉美、希腊的不同团体都会加入进来。

我父亲当时的主要职业还是个教授，在多伦多教书，但他也会被邀请到美国许多学院和大学演讲。当时大学生们会发起自己的抗争，比如静坐抗议，甚至会在短期内接管学校，规划自己的教学、自己的课程，自由邀请各种人进来演讲。我父亲就是应这些学生的邀请去做演讲，在演讲过程中，他遇到了一个有趣的人，那个人当时正在美国各地组织反对越南战争的活动，他实际上是一个非常棒的组织者和募捐人，还有自己的出版物。他就是理查德·帕克（Richard Parker），现在在哈佛大学任教，也是我在 1998 年建立的思觉研讨会的常客。

理查德·帕克是一个非常活跃、非常强大的活动家，当时我们在美国旅行，然后就认识了他。他当时为一个叫斯坦利·辛鲍姆（Stanley Sheinbaum）的人工作，一起支持自由主义进步事业和政治家，后者现在已经去世。

还有另一个挺有趣的人阿恩·特雷霍特（Arne Treholt，挪威传奇记者）。他比我大一点，现在也已经去世了，曾经过着非常动荡的生活，比如立场鲜明地反对北约。他曾担任过挪威外交官，还参与了整个海洋法的谈判。当我父亲被迫害时，他帮助了我父亲——当时我父亲甚至拿不到希腊护照，因为希腊政府给予他种种限制，希望迫使他放弃抵抗活动，但挪威发给了父亲一本挪威护照。

很多年后，阿恩因为一批涉密文件泄露事件被视作"间谍"而被捕入狱。更戏剧化的是，那是一座男女混合的监狱，在那里他爱上了一个挪威女囚。后来，这个女囚因为病重被送往医院，他请求在她去世前去探望她，但没有得到允许。当时这在挪威是一个轰动一时的新闻事件和浪漫故事，很多人为他呼吁，最后他爱的女朋友去世了，他却因大众的关注和呼吁而被释放。

实际上在我们的泛希腊社会主义运动党（PASOK）于1981年执政以后，我对父亲提出了一个想法：把那些曾支持过希腊抵抗运动的外籍人士邀请到希腊来，和那些真正帮助过我们为自由而战的非希腊人，举行一个盛大的庆祝活动。当时来了很多人，阿恩·特雷霍特也是其中之一。

伦敦政治经济学院

本科毕业后我选择继续升学，本可以继续留在美国，但当时希腊的情况正在发生变化，我觉得我要离希腊更近一点。

更重要的是，那时我对不同的运动非常感兴趣，其中乌托邦式的合作运动特别吸引我，那基本上是一种自我管理、自给自足的模式。

带有浪漫色彩的社会变革想法，在当时颇有市场，我想进一步研究它。当时我第一个调研的目的地是印度，我想去印度学习，但经过一番调查后发现并不适合。于是我又看了在英国进行的一些相关社会发展的研究，我关注了两所大学——布莱顿的萨塞克斯大学（University of Sussex）和伦敦政治经济学院（The London School of Economics and Political Science）。

虽然布莱顿的风景是非常优美的，但我最终决定去声望更高的伦敦政治经济学院。萨塞克斯大学更注重人道主义和农村问题等，但伦敦政治经济学院有发展社会学，我也认识那里的一些教授。

在伦敦政治经济学院，我基本上研究的是发展社会学——关于社会是如何发展的，制度如何发展，如何从农业社会走向封建社会再走向资本主义社会，如何产生革命或进化，等等。

同时，我也做了很多其他的事情，比如在那里学习了新的媒体技术，在自媒体诞生之前我就仿佛对如何做一个博主无师自通，那也是起源于在伦敦学习时期。

同时我做了一个课题，关于希腊是如何从奥斯曼帝国发展成一个现代国家的。任何国家的诞生和创建，都自带历史的 DNA 印记，它一直跟随着我们。如果你研究现代中国，就必须看它更早之前的历史。社会基因会跟随几代人的发展，除非有什么东西永久地破裂或改变了，否则很多基因仍然会存在于社会的不断发展进化中。我试图弄清楚现代希腊这个国家是在什么力量下建立起来的，为什么会成为一个这样的国家。在很大程度上，我是带着这种思考方式，去理解我们今天的政治问题、我们的国家和我们的工作方式，以及如何解决我们的一些问题。

在伦敦政治经济学院的一年里，我拿到了硕士学位，又申请了本校的博士。我的博士学习课题是关于技术如何改变工作关系，我也想进一步探索如何在实际的工作中运用合作运动。当时我去了日内瓦的国际劳工组织，在那里做了很多关于工人运动、合作社的研究，也看到了技术如何改变着这些运动。但我最终没有读完博士。当时的希腊独裁政府已经下台，我的父亲和家人们都回到了希腊，因此我也想尽快回到希腊。我认为自己可以在希腊继续攻读博士学位。

是，长官！

回到希腊后，我先在城市规划办公室工作了一阵子，又去服了兵役（希腊的兵役是强制性的，但因为之前的独裁统治，我没有机会回到希腊参军）。在军队里服兵役的时候，我发现我确实无法兼顾学习和工作了，甚至没有时间读太多书。但是在军队里也有很多有趣的事。

我去参军的时候，父亲还是反对派在野党的领导人，而军队将领们几年前还是管理国家的独裁者，现在他们不得不接收我这个"抵抗运动家"的儿子，因此他们不知道该拿我这个"帕潘德里欧"怎么办。应该对我态度强硬，还是应该好好照顾我、保护我？

但是我和其他补服兵役的人一起被集中在一个地方，专门有人来挑选安排每个人的去处。因为我个子很高，他们首先想把我安置在皇家卫队或国民警卫队中。实际上，雅典的国民警卫队会穿着特殊的裙子和鞋子，有特殊的行进步伐仪式，会被所有的游客围绕着拍照。结果我虽然身高符合，却由于体形太"苗条"而落选。

没有人想承担安置我的责任，他们索性直接问我："好吧，你想去哪里？"

我回答说不知道。

最后有个负责人说："你为什么不去坦克师？这是一个很好的部门。"

我说："好吧，那我就去坦克师。"

于是，他们带我去了雅典郊外的一个坦克师，我在那里接受了一点点训练。我，一个被流放者的儿子，开始与当年那些闯入了我家、把我父亲和祖父投入监狱的"军政府人士"朝夕相处了。这实在是颇为微妙，因为军队中仍然有人在反对我的父亲，而我也可能会因此身处某种危险之中。

在我入伍后很快就发生了一件趣事。

某天，我所在的坦克师的负责人郑重其事地找到我，说："帕潘德里欧先生，我有个任务给你。"

"是，长官！" 这当然是我们作为士兵，在军队里唯一对上司应有的回复。

"这是一项非常危险的任务。"

"是，长官！"

当时我不知道他们是否在和我玩游戏，抑或是在考验我。我是个爱国者，我要为我的国家工作，我当然不会因为危险而拒绝应尽的义务。

"听着，以下是给你的命令，你现在要去当女兵的翻译。"

希腊军队当时刚刚开始招募第一批女性入伍，但由于没有女性教官，他们从美国找了美军军官来训练希腊女兵，所以需要一个翻译。于是，我被送到了另外一个基地，我的工作是"在那里做翻译"。

我到了另一个基地，等了一周、两周、三周之后，我见到的仅是远处女兵营地的栅栏，根本没见到任何女兵和教官。后来我听说，当时所有的军官都坐下来讨论：如果我们让帕潘德里欧参与训练希腊军队的第一批女兵，他很可能会用他的社会主义思想"腐蚀"她们，你能想象如果我们的女兵都被帕潘德里欧的社会主义思想"污染"，会发生什么吗？

所以，我实际上从来没有接近过任何女兵。最后，有人把我安置在一个小房间里，告诉我，我只需要帮军队的一些工程技术做数学计算题就可以了。

这就是我入伍最初发生的事情。但我压根不想在雅典服兵役，我想去边境，想看看真正的军队是什么样子，我也想表明，我可不是因为姓帕潘德里欧才得到了那样一个"闲差"。

于是某天早上当大家都跟着起床号在6点来到操场集合时，我提出了调职申请。虽然他们并不情愿，但最终我还是如愿被派往了靠近土耳其的北部边境。在那里我们会值6天勤，再休息一天——意味着可以去这个镇上喝杯啤酒什么的。而那6天里我们要轮流值守，晚上大概两个小时一班，会有人来轮换。

我总共服了一年兵役——当时有一条法律规定，如果你曾经被迫流亡，只需要服役6个月。但是我想证明我并不享有任何特权。后来我的两个弟弟也去服了兵役，尼克参加了空军，安德烈是伞兵。

退伍后，我在希腊的一所私立学校教了两年的社会学，后来因为一些机缘，我才开始正式投身政治。

第八章

你可以把这当成一次新的学习机会

  因为复杂多样的生活背景，我的脑海里常常有许多互相冲突甚至是相悖的想法或观点在做斗争，我的所有行动都受到观念上的挑战。对有的人来说，这可能会令人惶恐不安，甚至视其为一种威胁。但后来我开始明白，如果视其为创新、改变以及重新思考这个世界、挑战思维定势、重新构建问题以找到答案的工具，那么，这种思维的多样性就变成无价之宝。至此，我才领悟到了挑战现状的价值和必要性，只为有朝一日看到希腊以及我们这个世界能变得更好。

我所理解的政治

实际上，我在青年时期的很长一段时间里，都想避免以政治为职业，因为我的祖父曾被判入狱6次……我在青春期的颠沛流离也是"拜父亲的政治立场所赐"。

我一向对过度包装职业政治家有些反感。当时我看待事物的方式可能比较激进，但时至今日我仍然对许多所谓的"职业政治家"心存疑问。原因之一是我不止一次从祖父那里听说，希腊的政党代表是如何只在乎争夺权力，相互之间充满阴谋，最终在党内制造问题，这也是政党分裂的原因之一。

他们不是考虑：我们为什么要从政？我们想改变这个国家的什么？我们为什么要做事？而更像是：好吧，我们想成为政治家。他们也许做了些事情，但更多的时候只是在玩弄权术。

我在许多国家生活过，最后，我还是选择回到希腊。因为复杂多样的生活背景，我的脑海里常常有许多互相冲突甚至是相悖的想法或观点在做斗争，我的所有行动都受到观念上的挑战。对有的人来说，这可能会令人惶恐不安，甚至视其为一种威胁。但后来我开始明白，如果视其为创新、改变以及重新思考这个世界、挑战思维定势、重新构建问题以找到答案的工具，那么，这种思维的多样性就变成无价之宝。至此，我才领悟到了挑战现状的价值和必要性，只为有朝一日看到希腊以及我们这个世界能变得更好。

第一代自媒体人和"网红"

我在念书时，有空闲的时间就会去帮助组织我们的政党在希腊不同地方开展活动。我喜欢站在动员和号召大众的角度工作，比如组织聚会，做基层组织的工作。在伦敦政治经济学院的时候，我也参加了学生会运动，并且在那里很活跃。

在我们党内有各种委员会，我曾因为想成为一个农民而参加过农业合作运动委员会，我还去了外交政策委员会，我们还有意识形态委员会来提出意识形态立场和政策，这也是为什么我后来对教育充满了兴趣。20世纪80年代，我甚至在我们党内创办了一所学校，称为教育技术学校，培训人们使用新技术——计算机。

如何使用先进科技也是我在政治上经常研究的事情，这很有趣。

加拿大哲学家、作家马歇尔·麦克卢汉（Marshall McLuhan）的名言是：媒介即讯息（The medium is the message）。我之所以着迷于如何利用技术，可能源于父亲的一个朋友给我带了一台产自德国的相机，很简单但很好用，至今我仍然保存着这台相机。当时在我父亲被逮捕之后，他们把我们的房子翻了个底朝天，破坏了很多东西，我用这台相机将这个场景拍了下来。

我给现场的每个人拍了照片，给整个房子也拍了照片——拍下了地板上的血迹和从墙上扯断的电话线。后来我把拍的这些底片给了我在美国的外祖父，他在美国各地发表反对独裁政权的演讲，并展示了那些照片。当我回到希腊时，有一名记者向我借走了那些照片，不幸的是他没有还给我，我就再没见过那些照片了。

但是不管怎样，当独裁发生的时候，我开始思考，我们如何传递信息？那时候我和朋友们想到的方法是利用化学反应，把氢气填充进气球，把写着"自由"的小传单系在气球下面，四处放飞气球，也许就会有人看到。虽然当时这只是一种孩子气的奇思妙想，但是在之后的人生中，我仍总是思考：我们该如何创新？

另一个故事是当我们流亡在希腊境外的时候，曾尝试向希腊国内发送消息。我们有希腊的黄页电话簿，这种老式电话簿上有各种人的电话和地址。因此我们所做的就是翻阅电话簿，不断写信、写信、写信，一个接一个地大规模寄送。我们还曾在意大利的一座山上安装了一根天线，试图建立一个广播电台，向希腊国内传播我们正在做的事情，等等。

后来我在伦敦政治经济学院的时候，选修了一门关于媒体的课程。它打开了我的思路，让我意识到宣传不仅有自上而下被控制这一种方式。

教授请来了一些年轻的活动家，其中一个人带着一台小型录像机，他们会到附近的社区把人们反映的各种问题录下来，带着这些录影去酒吧，向酒吧里的人展示问题并开展讨论。这是他们有效使用媒体的一种方式，把人们组织起来，让人们意识到他们生活中存在的问题。

所以当我回到希腊的时候，我就在我们党内问："我们为什么不制作一段视频呢？"人们看着我，仿佛在说，你在说什么？这些是"美国式的奇怪想法"。当时美国在希腊的口碑很糟糕，大家认为我把所有这些美国式的狂想带回来了。但我坚信这是个好主意，开始在党内宣传中录制我父亲的演讲。

视频制作完成后，我必须想办法让更多人看到它。当时希腊的一切媒体都是政府控制的，包括国家广播电台、国家电视台等，所以父亲无法直接在电视上向普通民众传达他的理念。在当时的希腊，录像机非常昂贵，但是每一家咖啡店，哪怕是村子里的咖啡店，都会有一台可以播放录像的电视机，他们通常会买几部外国电影或希腊电影的录像带，人们聚集在那里喝饮料、看电影。当然，其中大部分都是盗版的。

那时，在希腊做盗版的是一些吉卜赛人，他们有一种特殊的机器可以复制录像带并出售，于是我找到了那些吉卜赛人，问："你想卖这些吗？我们党的视频。"他们认为这不失为一笔好生意。就这样，他们"帮助"我把视频传到了希腊各地，希腊所有的咖啡店里都会播放我父亲的演讲和各种活动的录像。吉卜赛人一定小赚了一笔，而我大概可谓是希腊最早的自媒体人吧，那也是我开始让先进技术为我所用的契机。我想我可以自称是"第一代自媒体人"，可能也有潜力成为"网红"。

从政和一个"新学位"

我真正走上从政之路是在 1981 年。

我记得大概是 10 月份的一天，我们全家人在家吃晚餐，大家围坐在桌子旁开了个家庭会议。我父亲问我："你愿意作为我们党的代表在帕特拉斯（Patras）的选区参加竞选吗？"

我说："我真的不想涉足政治。"

我弟弟尼克推了推我，说："嘿，听着，你其实早就已经加入了，你这些年一直在做这些工作，为政治理想而战。如果你当选了，你可以把它当成一次新的学习机会，4 年后你将获得一个'新学位'。"他说服了我。

从政对我来说虽然是一个承诺，但我认为我不必永远被它卡住，就像尼克说的那样，4 年后我可以有其他的选择。

我说："好吧，我会参加竞选。"当时只剩下 20 多天的时间准备，我必须尽快地开始学习如何组织和竞选。在之后的 20 多天里，我走访了 200 个村庄，不知道做了多少次演讲。

当我决定进入政界时，就像许多人决定全身心投入把某件事做好一样，我认为自己必须准备好去冒险。因为一旦步入政治，我的时间很容易被一些听起来很高尚的理由所占据——有那么多需求系于我身上，我可以很容易地说："外面有几百万的人需要我，因此我顾不上家庭，请理解。"但其实我会失去很多，我的爱人和孩子也会失去很多。

掌握权力，对我来说只是意味着用不同的方式为民众服务，我同时也可以用不同的方式平衡生活。但面对权力的诱惑，我需要有我的选择，我需要有我的"根基"，这个"根基"可能是家庭，也可能是爱好。家庭不会因为我从政而离散，虽然孩子们会渐行渐远，但如果我们有某种心理上的联系，就依然可以一起找寻快乐时光——一起讲故事、谈论问题等。

我见过太多政客投身政治之后，会忘记生活中的其他一切。他们最终既失去了家庭，也失去了个人健康。他们固守着一个执念，即他们想掌权。他们必须掌权，这是他们的全部，他们的人生尊严。

最终他们似乎被绑架了一样，很难摆脱这种心态。他们可能被迫向那些低劣的价值观妥协，以保住自己的地位和头衔。这就是我常说的"被卡住了"。他们从心理上、精神上、经济上都对政治家的角色有依赖，最主要是心理上的依赖太强了。习惯了别人的目光——这是个公众人物。因此，我一直觉得，我必须保持自己的本色。

在高速旋转的政治世界中，其实我一直都明白，"政治家乔治"只是我生命中的一个角色，而非全部的我。我仍然是一个"人"，只不过"碰巧"身居要职——外交部部长、教育部部长，或者是国家总理。我从政，不是为了满足个人的权力欲望，而是想为我的国家做点什么，以及对我个人的价值观和目标的坚守。

当然，每个人都会有自己的野心和抱负。关键在于，要控制野心，而不要被这种野心控制，使自己迷失在对权力的过度追求中。我观察到，在当代政治领域，有些政治家对权力的追求过于疯狂，以至于他们逐渐丧失了自我，变得只会为了利益而在公众形象和真实自我之间的界线上玩弄手段。这种过度的形象塑造不仅破坏了公众对政治家的信任，更是对自我的出卖。这个道理，同样适用于其他领域和职业。我们都应该提醒自己，不要为了权力和地位而失去了自己的初心和灵魂。

当时我决定如果当选，就先从基层议员做起，真正地去了解民生。所以我在第一个任期内没有进入政府，而是作为一名议会议员在教育委员会工作。我利用那段时间跑遍希腊，就在那时建立了希腊现在的成人继续教育网络。我的想法就是，让我看看我们能帮上什么忙，让人们的生活变得更好，让他们参与进来。

议会中的教育委员的职责之一是对相关法律进行投票。政府的教育部部长提出某个法律提案，比如说，改变考试的方式或者上学的年龄，抑或是开设一些新的课程等，需要将相关法律提案先提交给委员会。委员会中有来自各个党派的代表，我当时被选为委员会主席，我会就提案召集会议，与所有代表共同讨论、辩论和头脑风暴，可能会对提案进行修改。然后，在300多人的全体会议上进行投票，首先逐条投票，再整体投票表决。

在议会里，部长提议的每条法律都需要经过严格的审查与讨论。每当有新的法案提出时，各政党都会指派相应的发言人进行深入研究，并在议会中发表相关的看法和建议。这是一种保证议会决策高质量和多样性的方式。公务员作为政府的"幕后英雄"，他们的培

训与教育质量直接关系到政府工作的效率和质量。因此，我提出的
第一条法案便是关于如何改进公务员的培训机构和教育体系。

　　尽管这条法案与教育有关，但它更多是关乎如何有效地培训公
务员，以及应该建立何种机构来进行这样的培训。为了更全面地了
解国际上公务员培训的优秀实践，我专门访问了欧洲的几个国家，
尤其是法国，深入研究他们的公务员培训体系。法国的公务员培训
机构不仅设备先进，课程设置也很完善。尽管埃马纽埃尔·马克龙
（Emmanuel Macron）后来解散了这所培训学校，但我相信他们会找
到其他同样有效的培训方式。此次考察给我带来了很多启示，我学
到了很多。

　　加入教育委员会，是因为我很明确那就是我喜欢的领域，文化、
教育、体育等实际上都属于这个教育和文化委员会的管理范畴。而
在教育委员会的工作之外，我组织的公民继续教育课程项目则完全
是我自发的，因为这也是教育中一个重要领域。

　　我和希腊国内外许多有趣的人一起工作，把之前在瑞典和其他
地方看到的、参与的经验带回希腊。我们建立了一个组织叫作"自形"
（Automorphosis），大致意思是自我重塑，要进行"自我教育"。
我认为，教育不是别人告诉你该做什么，而是通过互动，通过对话，
通过听、说、做等，令自己产生思考，了解你自己。当时我们也有
自己的出版物来发表文章，由此产生了一整个学派，其中有不少活
跃分子现在成了希腊成人继续教育中有影响力的教授。

连任议员，并成为文化部副部长

　　1985年是我从政生涯中的又一个关键时刻。那年，经过为期4年的艰苦努力，我在我的选区成功连任，我所在的党派也再次取得了执政权。那次的选举后，我被任命为文化部的副部长。

　　那时候，我的"上司"是希腊著名女演员梅莲娜·梅尔库里（Melina Mercouri），她是一位充满魅力且坚韧不拔的女性。在希腊遭受独裁统治时，她选择流亡海外，和我父亲并肩工作，推动希腊的民主进程，并积极参与各种民主集会。返回祖国后，她不仅在国内为文化事业贡献自己的力量，更致力于国际间的文化推广，正是她提出并成功实施了每年选出一个"欧洲文化城市"的计划。此外，她还大力推动要求大英博物馆归还帕特农神庙大理石雕塑的运动，构思并建造了雅典卫城博物馆。与她共事，我深感荣幸，也受益匪浅。

　　在担任文化部副部长期间，我被赋予三项主要任务：一是负责推动青年文化活动，二是促进继续教育的发展，三是在全球希腊侨民中传播希腊的文化和价值观。

　　尽管那时我还没有创建思觅研讨会，但我和我的团队已经开始在希腊的一个美丽小岛上组织各类活动，吸引来自世界各地的年轻人参与。为了更好地举行这些活动，我们重建了岛上的旧建筑并建立了一个会议中心。我记得第一次的会议是关于环境保护和绿色经济的，这也是我早年间就高度重视的领域。至今依然如此。

　　我们还在希腊北部举办了一个大型的青年节，其中包含文化节、音乐节、艺术节，就像一个地中海狂欢节，来自时尚界、商界、企业和农场的年轻人都加入了进来，覆盖面很广。我和一群做业余电台的年轻人打起了交道，那时候，希腊的电台基本上是由国家控制的，但我支持应该开放设立不归国家所有的地方电台的观点，这些电台归属于当地的社区或公司，但这个提议在我们自己党内都是有极大争议的。

当你是执政党的时候，实际上对国家媒体有控制权，有新的声音要加入必然会引发争议。会议中的讨论非常激烈，最后我父亲顶着巨大的压力，还是选择支持我的观点。这件事也令我清楚地意识到，任何改革都会面临压力，年轻一代渴望拥有自由，但这同时意味着要面临抗争。

后来希腊有了地方电台、私人电台，接着是电视领域的变革，这不仅引起了政党内部争议，在党外比如商界，人们也争夺起了投资权。谁应该得到办私人电台的执照呢？各方都用尽手段去争夺。

第九章

如果可以选择，我很愿意
再当一次教育部部长

如果在教育部部长、外交部部长和国家总理之中让我再选择一次，我会很愿意再当一次教育部部长。我认为这份工作对国家至关重要。教育是一个需要巨大变革的领域，曾经周游世界求学、与各地许多教育者交流的亲身经验，让我很有信心在教育中发挥能力、做出贡献。我相信，教育改革是应对我们面临的巨大挑战的核心要素，不仅仅对希腊如此，对人类亦如此。

教育部部长

1988 年，我被提拔为希腊的教育部部长。然而，对我来说接任这一职务并不值得庆祝，而是接手了一场正在进行中的危机——希腊的教育界正在发生大规模的罢工。

罢工从三四月份开始，而 6 月将举行的希腊高考迫在眉睫，我们需要老师教书、监考、批改考卷。如果罢工继续下去，考试无法举行，这对希腊各地家里有适龄考生的家长，对学习了多年的孩子，包括对政府而言，都将是一次可怕的打击，情况刻不容缓。

罢工刚开始时，在任的教育部部长也曾试图解决这个问题，但很遗憾他没能做到，于是辞职了。另一位部长带着资深的部员进来接管了一个月，也解决不了问题。两任部长都没有解决的问题，就这样被交到了我手上，不亚于徒手接过一个烫手山芋。

面临挑战时，我会冷静下来而不是变得特别兴奋。我意识到这是十分严峻的状况，不能通过下意识的反应就做出决定。遇到危机时，我需要退一步，用适当的距离来分析这场危机。评估的时候，我需要去思考这场危机的利益相关者是谁，他们之间的关系是怎样的，谁会影响谁，等等。这就像你站在阳台上，看看下面谁在跳舞，想一想你在这场舞蹈中能扮演什么样的角色。

解决危机并不意味着一定要重复过去的做法，还应该是创造更好地实现目标的新方法的机会。

我了解到之前教育部官员的工作方法可能有点居高临下，比如以部长的口吻告诉他们"你们必须回去工作，这样做是错误的"，比如把教师工会的人找来训斥一番。于是我决定采取相反的做法。我并不会像先前的人们一样强制镇压，而是会去协商，去找到背后的原因。

我主动去了教师工会，真诚地表达了大家真的需要坐下来谈谈的想法，我不是去发最后通牒的，而是要和他们一起找出真正的问题到底是什么，我们能做些什么。我们和所有工会成员坐下来，一边喝啤酒一边了解双方的需求。

我告诉工会的人和老师们："你们当然有权罢工，我尊重你们的权利。但真正的问题需要得到解决，让我们一起来看看问题是什么。你们需要支持和帮助，但是你们也要帮助教育系统做出改变，让我们看看彼此是否能成为解决这些问题的合作伙伴。"

工会的人提出的要求概括来说就是：获得更高的工资，聘用更多的老师，减少工作时间以及每个班分配更少的学生。其中一些要求是合乎逻辑的，但所有这些要求都有成本。有些我们确实无法满足，比如他们要求加薪，这对政府财政和纳税人来说都是巨大的负担，不是能轻易就满足的，为此我还必须去找财政部部长谈判，尽可能地去找资金支持，等等。

但除此之外，教师工作中没有别的问题了吗？教学的问题、培训的问题、学校管理的问题、和家长以及学生之间的关系……也许大家可以成为一股改变的力量，我们来探讨希腊教育行业存在的深层次的问题，而不是仅仅解决眼前的问题。

虽然我不能解决全部需求，但我提出我们可以一起建立一种与之前不同的合作关系。老师们的问题也许可以关乎解决更大问题的可能性。我提供了一个排除了政治因素的评估方案，让学生、老师和家长都参与到这个项目中，进行分析并提出改进的方法。

我们花了三四天的时间，几乎夜以继日地努力，最终提出了一个双方都能接受的解决方案。

希腊的教育

事实上，我们当时遇到了一个很棘手的问题，就是农村人口大量向城市迁居。这些迁居到城市里的人也带来了他们的孩子，城市里的学校突然之间就不够用了，最大的问题是校舍和教室不够用，教师数量也不够。我们一度不得不实行"分流上学"：部分学生早上来上学，另一波学生下午来，错开时间。对于老师来说肯定压力大、工作时间长。而且这种上学安排，也会严重影响家长上班，因为另外不上学的半天，需要家长照看孩子，所以许多家长对此也很不满。

因此，我们要解决的问题不只是提高教师工资而已。我决定必须进行基础设施建设，于是以优惠的条件从欧洲委员会找了一笔贷款。我成功地说服了财政部部长接受这笔贷款，在希腊各地建起了学校。实际上，我是从祖父的做法中获得的启示——他曾在20世纪30年代担任过教育部部长，以对赛马征税的收入做抵押，从瑞典获得了一笔贷款，得以在希腊各地建造学校。

虽然前后花了几年时间，但我们最终解决了这个问题。

有趣的是，在这之后，希腊人口第一次在短短几年内增长了大约10%，约有50万阿尔巴尼亚人拖家带口非法越过边境，进入希腊生活。当时身为教育部部长的我，决定允许这些没有"合法身份"的孩子和希腊孩子一样去公立学校上学。如果你现在遇到一个在希腊长大的阿尔巴尼亚人，很可能除了他们的名字是阿尔巴尼亚名字之外，其他都和希腊人很像了。

为什么我决定向他们开放教育机会？如果不接受教育，他们就很难有正式工作，失业、犯罪、贫民区，都会随之而来。他们中的许多人可能永远无法融入社会，过上正常的生活。在这些人的人生里，教育是一个"均衡器"，它给了每个人相对公平的机会。

在我祖父成为总理时，他的第一项法律就是让大学教育变成免费的，实际上他的那个决定为许多青少年提供了上大学的机会，突然之间改变了许多人的命运，他们从未来的农夫变成未来的工程师、律师、医生、教授等。

希腊的高考制度一开始是正确的筛选方法，我曾和很多支持这个系统的人谈过：基本上你是因为学习能力被选中的，而不是背景或其他条件。

但随着时间的推移，因为高考这种筛选制度的特点，另一种"不平等"出现了：富裕的家庭花钱送孩子去接受越来越多的私人学习辅导，其他没有那么多钱的人，可能会选择相对便宜一些的培训，而那些在农村里的人则完全无法拥有这些，这就造成了新的教育阶级差距。

现在希腊的高考就像跑马拉松，假设我们的规则是：跑在前 100 名的可以进大学。那可不可以有另一种规则：任何在 4 小时内完成的人都可以"进大学"，这意味着可能是 100 个人，也可能有 1000 个人跑进了 4 小时之内。当然这也意味着，我们在大学里需要更多的位置。

高考基本上是一个客观的制度，不一定是正确的制度或公平的制度，因为它筛选的是特定类型的人，是可以胜任"考试"这种任务的孩子。但其他孩子可能更喜欢田径，更喜欢艺术，有更多创造力，能完成其他各种各样的任务，只是高考不是根据这些标准来选人的。

如何让希腊的高考制度更有创意、更代表全面的价值观？如何建立一个能测试批判性思维的系统？如何才能让高考制度更具创新思维？如何评估一个学生生活的其他部分：照顾好自己身心的能力，做一个快乐的人的能力？等等。这些素养显然更加难以衡量。

希腊的高考可能不完善，但也不是没有价值，我们可以在高考的评价标准上做更多努力和调整，可以更好地衡量我们的社会需要的技能。

我认为教育应该更平等，所以我曾计划改革希腊的高考制度，包括其他需要改进的教育问题，但还没来得及推进就被调离了教育部部长的岗位。

我在教育部部长这个职位上工作了将近两年，直到我们的党派在新一轮的选举中输掉了选举。虽然我还是议会议员，只不过成了反对党。于是我决定休个假前往美国哈佛大学魏德海国际事务中心（Weatherhead Center for International Affairs）继续学习，在约瑟夫·奈（Joseph Nye）教授麾下做访问学者，他是著名的国际关系学者，"软实力"的提出者，克林顿时期外交政策的关键人物。这个中心是由美国前国务卿、外交家基辛格建立的，聚集了很多有意思的人物，我在那里学了很多，也做了很多。

开放大学

我在教育部部长任内还创办了希腊开放大学。

开放大学（Open University）这个想法来自这样一个认知，即我认为，教育系统必须允许人们自由开展终生的学习。

因为希腊的高考制度有一个非黑即白的标准——要么你能通过，要么你不能。

你可能会尝试第二次和第三次，但如果你还是没能成功，或者有其他事情阻碍了你（比如，你必须工作赚钱养活自己，你必须搬家去其他地方，或者你要照顾生病的家庭成员，等等），你就不得不放弃大学教育。有时候，如果你接受的大学教育不适合自己或已经过时，也不过是得到了一张能给人看看的文凭，仅此而已。

而开放大学的存在，就是给每个人提供了"第二次机会"，你不必非要在 18 岁时承受那种巨大的压力——如果你考试失败，你的人生就毁了。

事实上，生活永远在改变。考不上大学就毁了一生的看法是非常片面的。无论何时想回到学校，都能找到一种更灵活的学习形式——这就是开放大学的缘起，你不必离开你生活的地方，不必辞去你的工作，无业、自由职业或其他身份都没问题。

为了拥有最大限度的灵活性，开放大学采用的是远程教育系统。20 世纪 90 年代还处于互联网的初生阶段，还没有像现在这样强大，那时候的远程学习和现在有着巨大的差异。所以刚开始的时候，教材都是通过邮寄的形式送达学生的手里，所有的交流都通过信件进行，通过邮寄的方式告诉学生们读哪些课程等。通常在划分出来的各个地区，会安排一个教授负责召集所有同学每两周左右开一次会，讨论课程的进展情况。

我当年是在希腊已有的教育系统之外创办了它，这样的开放大学可以更灵活和更独立。如果我试图从内部改变希腊的教育系统，可能需要很多年；在外部建造一些新的东西，反而更容易。我找到了当时顶尖的人来管理它——一位希腊著名大学的前校长，后来又找到了来自加利福尼亚大学的一位主任，他是一位希腊裔美国人。希腊开放大学的董事会成员经验丰富，远离政治，这使得它得以顺畅而高效地开展工作。

希腊的开放大学并不依赖政府资金，而是靠自主筹资，这也证明了其强大的实力和影响力。尽管它也收学费，但费用相对合理，让大多数人都能够负担得起。

这所大学的独特之处还在于其跨国的运营模式。除了在希腊本土设有多个校区外，它还在其他国家有所拓展，特别是在那些有大量希腊侨民的国家。为了满足不同背景学生的需求，除了希腊语的课程外，它还提供英语授课的课程。因此许多海外的希腊侨民也可以去学习，这不仅加强了他们与祖国的联系，同时也是他们获得高质量教育的一个机会。

如今，希腊开放大学不仅仅是希腊最大的大学之一，更是站在了世界开放大学的前列——在多个国际排名中，它都名列前茅。这也吸引了众多国内外的学生。这所大学不仅有学士学位课程，还有硕士课程，为学生提供了广泛的选择。特别值得一提的是，有很多学生选择在这里获得他们的第二学位，而对于那些之前没有机会进入传统大学的学生，这里成为他们获得第一学位的理想之地。

希腊开放大学代表了开放教育的新趋势，它的成功也为其他国家提供了一个很好的模板。随着学生数量的不断增长，这所大学的影响力会越来越大，为更多的学生提供实现自己学术梦想的机会。

至关重要

如果在教育部部长、外交部部长和国家总理之中让我再选择一次，我会很愿意再当一次教育部部长。我认为这份工作对国家至关重要。教育是一个需要巨大变革的领域，曾经周游世界求学、与各地许多教育者交流的亲身经验，让我很有信心在教育中发挥能力、做出贡献。我相信，教育改革是应对我们面临的巨大挑战的核心要素，不仅仅对希腊如此，对人类亦如此。

当然，外交部的工作也非常重要，并且相对更容易取得一些成绩。在教育领域工作，成绩可能不明显，却可能造就更长远的价值，甚至引发整个民族文化的变革。

有一位已经离世的美国教育学家、环境科学家叫德内拉·梅多斯（Donella Meadows），我曾在演讲中引用过她的话，大意是："……要实现改变，最简单的方法是调整数字：增加收入、降低成本、减少员工人数。然而，事实上，这是实现预期目标最无效的途径。相较之下，物质基础设施的重大变革虽然更加困难，但最终带来的回报更为丰厚。更具挑战性的是改变体系规则——法律、规章、政策、指南——这可以在相对较短的时间内带来重大变革。最后，最为艰巨的任务之一是改变一个社会的文化——重新塑造社区的信念和目标。 如果能够做到，将所向披靡。"所以我认为，我们需要积极投身于教育的人，教育对任何社会来说都很重要，因为它能改变一代人的价值观，并改变文化，参与和推动社会的前进。

教育作为一个深入人心的领域，既可以作为灵魂的熏陶，也是人们成长、探索和创新的基石。教育背后蕴藏着无限的创新思考和批判性思考的潜能。这是因为它不仅仅是知识的传递，更是价值观、思维方式和未来愿景的灌输。

但与此同时，由于教育的核心目的是培养人才，涉及的利益相关者数量众多，每个相关者都有着自己的立场和诉求。家长、学生、老师、校方、教育部门，甚至社会和企业，所有人都希望教育能够满足他们的需求和期望。这导致了在教育创新和改革的过程中，我们往往面临着各方的不同意见和对立立场，需要在这些复杂的声音中找到一个平衡点。这也是我喜欢担任教育部部长的重要原因，我可以邀请"很多的声音"一起参与到这个决策过程，这是一个"民主"且自下而上的过程。

与教育不同，外交政策的制定和执行主要是由政府、外交专家和有关部门负责，普通民众往往较少介入。这意味着外交政策的决策权更加集中，决策速度相对较快。但教育，由于其直接关系每个家庭、每个孩子的未来，因此每个人几乎都有自己的看法和期待。这种多元化的参与使得教育改革和创新的步伐相对较慢，需要更多的协商和沟通。

教育改革的每一个步骤都需要广泛的社会参与，收集各方的意见和建议，再结合实际情况做出最佳决策。这无疑增加了教育改革的复杂性和难度，但也为我们提供了一个深入挖掘、真正解决问题的机会。在这个过程中，每一次的试错和经验总结都是教育前进的动力，使我们不断接近那个理想的教育目标。

第十章

不屈服，行动起来

可以算是一段"至暗时刻"，如果我被恐惧支配了，因此而退缩了，那我基本上就会被阴谋者击败。这种事情经常发生在希腊或者世界任何一个角落，发生在政界或者其他领域，甚至每个人的生活里。

至暗时刻

我的政治生涯中还有一段相当重要的插曲，也和我父亲有关。

我父亲患有心脏病，1989 年他病情恶化，不得不去英国做手术。与此同时，他和我母亲的感情也出现了危机。有些人认为那是个制造阴谋的绝佳时机，想把我父亲和我都拖下水。

当时，有个自称银行家的骗子名叫乔治·科斯科塔斯（George Koskotas），以欺诈手段闻名。他常在希腊四处走动，和各种寡头博弈，当然也与许多政府人员做生意。乔治·科斯科塔斯和其他人制作了一份虚假的银行对账单，上面有我的名字和父亲的两个顾问的名字，他们声称我们在一些国外银行账户里存了钱。

政府里有人把这份对账单给了我，我意识到这显然是一次栽赃，但我需要证据来证明对账单是假的。于是我打电话给我在银行业的好朋友吉姆·雷（Jim Ray），他立刻去找美林银行的人谈了谈，他的朋友回复说，这肯定是假的。我找到了曾经为菲律宾总统费迪南德·罗慕尔德兹·马科斯（Ferdinand Romualdez Marcos）辩护的律师，他非常优秀，在三天时间内从马里兰州拿到了一份证明文件，文件说明那些对账单都是假的，这就是一个圈套。

我旋即决定公开这次试图勒索的阴谋。我要把这个人告上法庭。

当时卧病在床的父亲对此一无所知。我揭露了整个阴谋，但是在那次选举中，左翼政党还是共同投票决定起诉我父亲，把他告上了专门为政治家设立的法庭。尽管我父亲与此事无关，但这是一个政治事件，就像有一些政敌认为，必须摆脱帕潘德里欧家族的"遗产"。他们构陷我，既是为了对付我父亲，又是为了阻止另一个帕潘德里欧家族的人成为冉冉升起的政治新星。

两年后，我们终于被证明是无辜的。

在我父亲经历了心脏病、离婚、受到攻击等事件之后，那个科斯科塔斯最终也没有逃脱正义之手——后来他因试图勒索我而被定罪，判刑 8 年。

这可以算是一段"至暗时刻"，如果我被恐惧支配了，因此而退缩了，那我基本上就会被阴谋者击败。这种事情经常发生在希腊或者世界任何一个角落，发生在政界或者其他领域，甚至每个人的生活里。

你的敌人试图找到一些东西来控制你——我们知道你的秘密，我们要曝光你做了这个，做了那个……你被贴上标签。这种经历真的很难，但如果你屈服，你就成了勒索者的奴隶。

外交部

我父亲在 1993 年再次当选总理，而我成了外交部副部长。那一

学习是我一生的倚靠

年正逢希腊是欧盟轮值主席国，我的工作包括参与就四个新国家加入欧盟问题进行的谈判——奥地利、瑞典、挪威和芬兰。挪威最终决定不加入。

当时我们任命了一位教授当希腊教育部部长，但是出了很多问题，于是我再次被邀担任教育部部长。从那时到1996年，我们和经济合作与发展组织（OECD）做了一个深度的教育报告。他们派专家到希腊调查研究整个教育系统，和从业人士交谈，我借此机会做了一个关于教育系统的深入报告，看我们需要改变什么。

1996年二三月份的时候，我父亲病得很重，不得不住了几个月医院。他的身体状况已经不允许他继续担任总理，为了他的健康和整个政府机构的良好运转，他身边的人都建议他辞职。6月初，议会需要选出一位新总理。我们召开了一个大约有4000人参加的大会，有两个候选人，但在会议召开之前我父亲就去世了。我在议会支持了其中一位候选人，他当选后，把我从教育部调走，任命我去外交部当负责欧洲事务的副部长。

我并不想离开，但还是接受了这个任命。在外交部工作了3年，其间最大的问题就是土耳其问题。我的前任试图帮助一个库尔德战士逃到南非——那又是另一个独立完整的故事了，总之他最终搞得一团糟，所以不得不辞职，于是1999年我接任了外交部部长。当时希腊已经在准备和土耳其开战了，可以想象，我又一次在一场巨大危机中接过了烫手山芋。

从那时到2004年，我一直担任希腊外交部部长。那时我们要处理很多事情，但最大的问题是希腊和土耳其的关系。

政治创新

我曾在很多场合说过，我们必须把政治看作一种"创新"。以"创新"为原则，真正让人们参与进来，让他们的声音被听到，来实现我们共同的目标。

2001 年，当大家还在关注希腊与土耳其的传统外交关系和其他地缘政治议题时，我提出了新的概念："环境外交"与"气候外交"。我相信，除了传统的地缘政治，我们还需要关注全球性的议题，如环境保护和气候变化。为此，我们前往约翰内斯堡，与多家全球知名媒体进行合作，组织了首次全球范围的在线讨论。

创新一直是我所倡导的核心政治理念。当互联网还处于其初级阶段，我们已经开始利用它与全球进行沟通。考虑到那是 2001 年初，这一尝试就显得尤为前卫。

随后，我更进一步地将这种创新引入政治实践。在每次欧盟峰会前夕，我会将待解决的议题发布在欧盟的议程上，并汇总来自欧洲各国民众的看法和建议，确保在峰会上能够代表民众发声。正是因为这样的努力，我们得到了"150 强创新者"的殊荣。

2004 年，我当选为泛希腊社会主义运动党的党魁。在这个新的角色中，我继续推广我的创新理念，特别是在网络领域。我招募了一群网络志愿者，他们虽然不是党的正式成员，但深深被我的理念所吸引。在我的鼓励下，他们利用网络平台传播我们的政策和理念。

我还与希腊首位播客制作人——克里斯托弗·莱登（Christopher Lydon）建立了联系。当时我给他发了一封电子邮件，说我是乔治·帕潘德里欧，他一开始不敢相信。我对他说，想请他建立一个播客工作室，就这样他成了我们中的一员。他不仅是播客的先驱，还是著名的播客节目《开源》（Open Source）的创始人。有了他的支持，我们成为希腊第一个利用播客与民众沟通的政党，这一举措当时无疑是非常前沿的。

政治应该是一个不断创新和与时俱进的过程。我们需要构建一个基于共同价值观和目标的平台，并鼓励大家提出新的想法和建议。只有这样，希腊的政治才能真正变得更有创造性、更深入且更具参与性。这也是我对教育充满热情的原因，因为我深知，只有教育才能培养出真正的创新思维。

第十一章

当了总理，意味着会遇到更大的问题，你需要不断学习

从中我也意识到一件事，在你走马上任前，你会有很多新的设想，但当你真正面对要处理的危机时，你只能最大限度地依赖你已经拥有的资源、经验和对事物的理解等。所以我会说，当你走向领导职位的时候，当你不断向上攀升的时候，要尽可能多地学习，你永远不可能准备充分，因为你不知道会发生什么。没有比不断学习更容易做的事情。

成为总理

2004 年，我在党内大选中胜出，被选为泛希腊社会主义运动党的党魁。但是在 2007 年举行的希腊大选中，新民主党（New Democracy）的科斯塔斯·卡拉曼利斯（Kostas Karamanlis）获胜，成为希腊总理。

大选失利后，我开始反思，认为要么延长我在党内的任期以重整旗鼓，要么我们党干脆换一个领导人。所以我们在党内进行了一次公开的投票，在两个竞争对手埃万盖洛斯·维尼泽洛斯（Evangelos Venizelos）和科斯塔斯·斯堪达利迪斯（Kostas Skandalidis）的"虎视眈眈"下，我仍旧在第一轮就直接胜出，这个选举结果也给我带来了莫大的鼓舞。

我决心重振政党，优化系统，使它变得更加有效。

泛希腊社会主义运动党当时是一个非常大的政党，有大约 40 万党员。对于一个只有 1000 万左右人口的国家来说，这相当于总人口的 4% 都是我们的党员。我们尝试使用科技手段让人们能轻松地联系，以提升效率。

那时苹果手机还没有诞生，也没有类似 WhatsApp 或微信的软件。

我就找到了黑莓公司的负责人，说："我们想和你签订合同，让所有在我们党内有一定职级的工作人员都有一部黑莓手机，并且有一个专属的内部网络。"

我们实际上做了一件超前的事，这个举措不仅提升了沟通效率，还降低了沟通的实际经济成本——因为内部网络是免费的。我们教会了很多党内成员使用早期的智能手机。对那些通常不熟悉现代科技的年长官员，我们请党内的年轻人教他们。我们还举办了研讨会来提出和讨论各种问题。就内部来说，我们的党在 2007 年大选失败之后，反而建设得越来越强大，制定了新的政策，创建了智囊团，等等。

卡拉曼利斯政府爆出了很多丑闻，包括腐败事件。我们直言批评政府将经济推向衰退和危机，但当时还不知道经济的实际情况有多糟糕——2008 年的金融危机不仅关乎希腊国内，更是一场席卷全球的大风暴。

当时欧盟有一些经济政策和规则：如果某个国家想成为欧洲市场的一部分，必须确保自己的政府预算可控，不会超支等。但是这些规则在金融危机期间被放松了。放松规则意味着政府可以先消费再借贷，然后再消费。但问题在于政府是能明智地借贷和消费，还是在这种循环中越陷越深。

记得我和欧盟的许多人谈过，包括当时欧盟委员会主席若泽·曼努埃尔·杜朗·巴罗佐（Jose Manuel Durao Barroso），我认为必须有某种方式监控借贷，否则会出现很大问题。

如果你把借来的钱在国内消费和投资，搞基础建设或教育，给人们提供就业机会，让他们从事某种社会工作，这当然是一种更可持续的方式。但当时的希腊政府所做的就是以一种非生产性的方式消费。比方说，大量购入外国产品，这不会为本国市场增加任何收益。

最后，卡拉曼利斯政府借了很多钱，也花了很多钱，结果是给希腊经济带来了巨大的债务。我们从外部借钱，从外部购买，只有进口而没有出口，但我们在自己的国家没有赚到足够的钱，要如何偿还那些借贷呢？

我站出来明确反对这样做，而此时希腊人民也逐渐感受到了，经济似乎很不妙。

卡拉曼利斯是 2007 年 9 月当选希腊总理的，本来下一届大选应该是在 4 年后的 2011 年，但卡拉曼利斯当时丑闻缠身，对波及希腊的全球经济危机束手无策，搞得民怨沸腾。于是 2009 年 9 月 2 日，他只好提出解散议会，提前举行大选。

我认为卡拉曼利斯可能预见了金融灾难的到来，但他不想背负这些问题，所以把烫手山芋扔给了我们。

2009 年 10 月 6 日，我在大选中获胜，成为希腊总理。

利比亚大撤离

在我总统任期内，发生了一件紧急事件。2011 年 2 月，利比亚国内形势发生重大变化，中国政府组织了在利比亚的中国人——包括中国大陆、港澳台地区等在内的所有中国人大撤离，那是一场全世界都在关注的行动。中国方面发来请求，希望希腊能在这次大撤离中提供帮助——让一部分中国人先通过海路撤离到希腊，再包机回国。

我们生活在多重危机的时代，必须得有这种心态：每天都可能有突发事件需要你立即以某种方式做出回应。基于希腊与中国的友好关系，我们当然也希望能提供帮助。

这也是希腊致力于在本地区担任的角色。事实上，我担任外交部部长期间，就为地区的人道主义事业做过很多工作。帮助疏散那些被困的人是我们应该做的。

找到船东不是最难的，因为希腊本是航运大国。我们没有给船主们施加压力，而是希望他们基于自己的意愿做出进入战区的决定，他们也得到了应有的报酬。我们和中国方面要做的则是与利比亚当局保持紧密联系，使大家的安全得到保证。

进入战区绝不是一件简单的事，一旦进入战区，你不知道谁会控制港口，谁会被允许进出，等等。当身处战区并且发生的是内战时，你经常会面临一个两难：你和内战的一方协商时，另一方不一定信息同步或压根就不会遵守约定。所以，我们不得不努力与处于权威地位的人，或可能造成某种损害的人都积极保持联系，以确保信息的传达是畅通的并能得到肯定的回应。

我们必须确保当船只到达那里时不会出现问题，被困在当地的中国人也受到保护。这不像是派去一艘希腊游轮，把客人们接上船带走。在战区，做错任何一件小事都有可能危及生命。

　　因此，我们必须通过我们所有的沟通渠道和联系人得到尽可能多的保证，保证他们会为我们的行动开绿灯，确保行动的安全性。我认为这是最困难的部分。

　　我们还要确保他们上了船，抵达希腊后的生活问题。克里特岛（Crete）是我们当时的最佳选择，是距离利比亚最近且面积足够大的岛。我联系了克里特岛的州长斯塔夫罗斯·阿纳乌塔基斯（Stavros Arnaoutakis），他是我的好友，我说："请你务必让撤到岛上的中国民众得到最好的待遇，请把他们当作客人和朋友，他们来自战区，已经很艰难了。"

　　于是，我们连夜组织了各种各样的准备工作，当时是旅游淡季，大多数酒店都在歇业中。州长紧急去跟酒店老板们商量，不仅让他们立刻重新开放酒店，还要做好接待准备，确保撤离到克里特岛的中国侨民可以在离开之前，尽可能舒适地住下。从头至尾各个环节加起来，可算是一整套应急行动了。

　　当然，希腊的民众中不免有部分人担心这次利比亚大撤离带来的"风险"。作为领袖，我需要站出来在公众面前开诚布公地告诉大家，这是一种积极的人道主义行为。我们与中国有着良好的关系，他们需要我们的帮助来拯救他们的同胞。希腊有个词叫作"Filotimo"，它很难直译，但却深深镌刻在希腊人的集体意识中，大意是指：我们当为所有的人类同胞做拥有美德和荣誉感的朋友，提供无私帮助，不求回报。

当时撤离过来的很多人都没有签证甚至护照，我告诉大家，我们必须以最快、最简单和非官僚的方式完成这次行动，普通的欧洲申根签证需要更多时间，但这对撤离的侨民来说将是一场噩梦。我们用其他的方法，在和中国官员的配合下完美做到了——你看，政治有时候也需要来点创新精神。

当时，我还收到了温家宝总理的口信，感谢希腊为撤离中国在利比亚人员所提供的支持和帮助。

"要么改变，要么沉沦"

希腊人民对泛希腊社会主义运动党的期望当然很高。我们确实努力改变了一些事情，但是在刚入局时，我们并不知道所要应对的那场危机的深度和广度，也不知道政府的经济管理混乱到了怎样的程度。

我当选时，官方统计显示财政预算赤字大约为6%，这个数字是卡拉曼利斯政府发给欧盟的官方数据，因为欧盟要求追踪所有成员国的财政数据。但结果我们发现，卡拉曼利斯撒了谎，真正的财政预算赤字高达15.6%，几乎是所有人所知的近3倍。

这些赤字与很多事情环环相扣，息息相关，例如已经开始执行的合同，等待支付的工资，必须要还的借贷，等等。这是巨大的赤字，并不是停止支出，或者可以抽身离去，说"好吧，我们从现在开始不花更多的钱"就能解决的。

所以这是一个非常困难的情况，我们不得不削减很多东西，这也引发了另外的一连串问题。

在总理竞选中，我的主要口号是"要么改变，要么沉沦"。

对希腊来说，这是关键时刻。对我来说，这是对我领导能力的严峻考验。我的选择是诚实，将真实情况公开。尽管这个选择让我痛苦不堪，但这是唯一能表明变革已是箭在弦上而不得不发的方法。

改变的想法就在那里，我们需要继续前进。当选后，虽然我们对"有问题"是有心理准备的，但对于"问题之巨大"确实感到震惊。

那么，究竟是否应该对一切问题做出"诚实"的反馈呢？

我们可以隐瞒问题，像上一任政府那样，但我们不可能隐瞒很久。而且，如果我们试图向公众隐瞒这些信息，我们将会获得另外一种"赤字"，那就是"信誉赤字"。上届政府试图隐瞒，但他们最终还是不得不交代实情。

如果我们也这样做，那么无论我们之后说什么，想做什么，人们都不会再相信我们，我们不仅将在希腊"失信"，也会在全球"失信"。如果希腊政府有"信誉赤字"，我们怎么可能再从全球金融体系中借到钱？

所以我们选择了坦白一切，诚实对待，这样我们才能保住"国家信誉"。

虽然"诚实"带来了排山倒海的责难和批评，但也有一个好处，它带来了变革的可能。

我告诉希腊人民：听着，这一切已经发生了。是的，太可怕了，这本不应该发生。因此，我们必须创建更透明、更清晰的独立统计和监管机构，让希腊政府无法在没有任何制衡的情况下随心所欲。我们还创建了一个叫作"开放政府"的完整系统，在这个系统中，人们可以更多地看到希腊政府正在决策、执行的事等。这是一种全新的治理方式。

我们必须理解，当年那场经济危机极其复杂。那不仅仅是希腊的危机，也是欧洲的危机，当时欧元作为欧盟的统一货币存在很大的争议。欧元和欧元区能否持续存在下去遭遇了挑战，所有这些不同的国家，有着不同的经济体，不同类型的政府，却都使用相同的货币，市场不仅担心希腊，也担心其他"欧元国家"。

而且，欧盟也真的不知道如何处理，而责怪希腊是最简单的方法。他们认为，希腊就是问题所在，如果解决了希腊，大家就都没事了。但其实没那么简单，因为整个系统都有问题。

全球市场都在玩游戏。他们说，借钱给希腊是个高风险的决定，如果你想让我借钱给你，你就应该承担更高的利息。希腊就被卷入了一个循环——如果你付更多的利息去借钱，他们又会说，你付这么高的利息，肯定会无力偿还——像旋涡一样的循环，这就是希腊当时的处境。

我们必须设法终止这个循环。这是一件非常复杂的事情，我们必须和希腊国内人士谈，必须采取正确的措施，必须说服欧洲各国领导人，必须说服国际货币基金组织等全球机构、欧洲机构，还必须说服全球金融体系的银行家们，等等。

但有些国家担心会受到市场投机者的攻击，视我为病患。很多人为希腊开出的药方是孤立，甚至是退出欧元区，而非携手合作。其他更强大的经济体则反应各异。

安格拉·多罗特娅·默克尔（Angela Dorothea Merkel）会说："这不是我的问题。你们希腊人需要做好自己的功课（德语 do your hausaufgaben），这是希腊的问题，需要希腊人自己解决。"我一度请求各方为改革提供协调一致的政治支持。这鲜明地表达了一种集体政治意愿，目的是平息市场的恐慌。而默克尔的回答是："市场会理解的。"

我们被反复告知"do your hausaufgaben"。是的，希腊需要做好自己的功课。

在希腊，根本问题是潜在的管理结构问题，而非纸面上的赤字。特权阶级、庇护主义、民主透明欠缺等已经破坏了希腊的民主制度。布鲁金斯学会（Brookings Institution）研究透明度和赤字之间的关系时发现，如果希腊的民主透明度有如瑞典，赤字将减少8%。因此，负责透明、高效服务的机构确实至关重要。

可以想象得到，加大民主透明度、进行体制改革意味着与强大的特权阶级背道而驰。改革需要时间，可市场不会给我们时间。

当我们与欧元区第一个"支持机构"进行谈判时（该机构是以基金的形式为陷入困境的经济体提供紧急贷款，直到其能够进入市场）正逢周日，而周日全球市场会关闭。

经过数小时艰难的谈判，直到差10分钟凌晨2点，一位首相催促道："快，我们必须在接下来的 10 分钟内做出决定！"

我问："为什么？"

"因为 2 点是日本市场开放的时间，如果我们未做出决定，市场将会遭遇一场浩劫。"

这足以说明全球市场对政府政策的影响，债券抛售瞬间发生，国家能因为民主而花时间进行公众审议吗？

但这涉及更广泛的问题，即如何在一个组织（假设是一个国家或是一个公司）中进行积极的改革。

表面的和深层次的

我的朋友罗纳德·海菲兹为我们提供了一个深入浅出的比喻，帮助我们理解领导者如何应对危机。他形容说："当你心脏病发作，你的第一反应是直接冲向重症监护室。在那里，你会被按照标准化的急救措施抢救，如输氧、输血和药物治疗。在这个紧急阶段，领导力就像一个技术流程，直截了当，没有多余的步骤。但假如你从这次危机中存活下来，接下来的挑战则更为复杂：探寻和解决心脏病发作的深层次原因。"

这涉及改变个人的生活方式，摒弃有害的生活习惯，形成新的健康行为模式。这种转变并不简单，需要深入的管理和指导。真正的改变不仅仅是行为层面的调整，更多的是思维方式和心态的转变。这可以被看作是另一种形式的"政治"——一种培育和教育的过程。

每个人都需要深入参与，通过共同学习和实践来共同成长和改变。

这是我对希腊的憧憬。我发起全民公投只为确保解决方案会被希腊人民认同。权力以不同方式赋予公民，这一点极其重要。这是唯一能彻底改变心态并实施大刀阔斧改革的途径。民主需要时间，需要人人参与，需要公开审议，需要培养。

我们经常在内部团队中召开辩论会，甚至在一些重大问题上，我会召集其他政党的领导人来参加。

在当选两个月后，我在奥林匹克体育场旁边的一栋老建筑里开过一个非常大的会议，邀请了记者，也邀请了能邀请到的所有政党成员，以及社会团体代表、工会代表、企业主代表、小企业代表、大学代表等。我告诉他们，如果我们不迅速推进，做出改变，希腊就将受到外部的监视或某种控制。

我提到过一个例子，那就是瑞典。

瑞典在 20 世纪 90 年代也存在类似的问题——当然瑞典和希腊是完全不同的国家——当时，瑞典同样过度支出，而不得不去借贷，他们的经济出现了泡沫问题，而人们却不再借钱给瑞典。

于是瑞典不得不去找国际货币基金组织，代价就是被国际货币基金组织的技术官僚控制了。我曾和当时的瑞典首相聊过，他回忆道："实际上一两年后，我们手头有一点盈余，就用盈余建立了更多的儿童保育中心。但我马上被叫到华盛顿去开会，他们质问我为什么这么做：'你为什么不问我们？我们会告诉你应该把钱花在哪里。'"

所以我问与会者，你们希望希腊也走向那种窘境吗？如果不想达到那个程度，我们所有人都必须团结起来，尽我们所能。

不幸的是，人们一方面需要时间来理解这些变革的策略，另一方面，市场没有准备好——欧盟还没有准备好支持希腊做出这些改变。

我最终也因为前任政府留下的烂摊子受到了惩罚，尽管我努力让人们看到我们正在做出的改变。我遭到了声讨，这其实也是一种有效的手段，转移了人们对希腊和其他欧盟国国内问题的注意——对更大错误的注意。

声讨我和希腊非常容易，欧盟可以说，就是这些坏希腊人或这些坏国家干的好事，这是最简单的"找个替罪羊"的政治游戏。

当我在危机中努力应对的时候，受到了许多指责，因为大家看到的就是政府在借款和超支，同时又指责政府做得不够，政府没有做这个，没有做那个，这确实是很困难的情况。

从中我也意识到一件事，在你走马上任前，你会有很多新的设想，但当你真正面对要处理的危机时，你只能最大限度地依赖你已经拥有的资源、经验和对事物的理解等。所以我会说，当你走向领导职位的时候，当你不断向上攀升的时候，要尽可能多地学习，你永远不可能准备充分，因为你不知道会发生什么。没有比不断学习更容易做的事情。

一定要有不同的经历，经历的复杂局面越多越好，可能是处理发生在你的社区、你的家庭、你的学校或其他地方的各种问题和危机，这些都是宝贵的财富。

你也要尽可能多地了解自己，了解自己的缺点和优势。如果你认为自己什么都知道，什么都可以轻松应对，你很可能会被冲昏头脑。你必须学会树立正确的自我意识，这并不总是容易的，当你一直在斗争，从早到晚，处理完一个又面临一个新的危机时，你的本能很容易代替谨慎周密的思考。你必须小心，不是说要阻止你的本能，而是你必须有能力意识到你的本能。

方方面面的改变

当你回顾过去时，你可能认为有无数件事情自己可以做出不同的选择，但其实很多事情并没有太多的回旋余地。

我当时对希腊的基本决策是，它需要尽可能保持稳定并留在欧元区。如果让我重新选择一次如何处理这次的债务危机，我不认为我会改变这个主要方向。

有些事情也许我会重新尝试，比如，每周上一次电视和希腊人民谈话。因为向人们解释发生了什么很重要。也许这会有所帮助，也许没有。可能他们会痛恨老在电视上看见我，从而气愤地关掉电视机也说不准。

当时的欧盟对这种危机没有准备，人们不理解这场危机，也从未处理过类似的危机。每个国家都有自己的想法，同时都在考虑自己国内的公众舆论。当公众舆论越是把一切归咎于"懒惰的希腊人"，他们的国家就越不愿意支持希腊，就越想惩罚希腊。这也是想解决当时问题遇到的很大的障碍。

希腊没有宣布国家破产并留在欧元区这个事实是最重要的，还有一些地方我认为也非常重要。当时我们努力做的许多改变，直到现在依然非常重要。例如，我们的政府有更高的透明度，有更发达的数字化交易，大力打击腐败。

希腊每年因漏税而损失数十亿美元，如果我们的税收制度高效先进，就不需要救助。我们在以下这些举措上也取得了巨大的进展（有时改革的方法奇妙无比）：将游泳池列为奢侈品征税，但发现无人申报。该怎么办？我们用谷歌地图来检测；查封了500多艘游艇；对离岸公司征收15%的财产税；取消银行保密制度，成立国际行政合作部，开展对外税收信息交流。

我还颁布了一项法律，看上去非常简单：法律规定，任何政府交易或政府的任何决定，必须被公开到政府网站上，让所有人都能看到，否则即是不合法。

如今，依据此法律，任何官方决定都会被张贴在网站上。政府试图规避和隐藏事情变得很难。这实际上来自一项古老的传统——古雅典决策者必须把所有的财务决定张贴在海报上，公民可以阅读这些海报，如果他们不喜欢其中的一项决定，他们可以把决策者告上法庭。

一开始我们这么做的时候，人们并不能真正地理解，没有人觉得这很重要。但现在，如果你问任何希腊人，他们会说，是的，这真的、真的、真的是一个很大的变化。

是的，它改变了希腊政府的整体面貌。

另外，我们也打击了医疗系统的腐败。

希腊当年实施了电子处方。什么是电子处方呢？你去看医生，医生不会把处方写在一张纸上，而是把它放在网上，这是可以被检查的，这样医生就不会过度开药，因为当时希腊发生了医生收受跨国医药公司回扣而过度开药治疗，但药费由希腊政府买单的腐败问题，也导致了旧的医疗系统濒临崩溃。所以，推行电子处方有助于打击腐败，药品成本几乎降低了一半。

当全球疫情发生的时候，这个系统也发挥了极大的作用。人们不必亲自去看医生，可以和医生在线问诊，医生可以将开的处方通过电子邮件或短信发送。患者可以凭电子处方在药房买药。

我们对希腊的教育系统也做了改革——把所有的课程和教科书都以电子书的形式放在了网上。我们还开始制作特殊课程，为那些想额外学习但请不起家教的学生提供学习的平台，让所有学生都能通过网站学习。

当全球疫情发生时，这些政府网站平台也直接成了学校的基础设施。

我们还创建了一个绿色基金，用于改善希腊环境和转向可再生能源。希腊各地都有不少违章建筑，但我们不可能拆掉一半的房子，所以我们要求违章建筑拥有者支付罚款，使其合法化。这些罚款被用于绿色基金。

我们还设立了一个专门负责监管洗钱犯罪的机构。

希腊原本有 55 个大区，我们削减到了 13 个；原本有大约 1500 个城市，我们削减到了 300 个；原本有五级政府，现在精简成了三级政府。

所以这些都是巨大的变化，重大的变化。

我离任的几个月前曾对高校和考试制度做了改革。简单来理解就是，希腊的教育系统非常集权，我们当时希望给大学更多的自由，对外国学生更加开放，设法将学术研究和地区发展相结合，使它们更加灵活，也使大学的结构更加透明。

我们确实修订了法律。但是改变法律是一回事，实施是另一回事。一旦实施，肯定会看到缺陷，但如果不开始改变，问题会一直存在，以后更难改变。当然我们的改革无法在很短的时间内完善实施，大学和其他更保守的机构提出了反对意见，他们不想要这些变化。所以当新政府上台时，他们把它改回了旧系统。因此，他们失去了一个真正改变大学的机会。

我们当时也想优化考试系统，让人们有更多的机会，更少的压力，让学习有更丰富的多样性。学校系统对不同的想法和不同的科学、能力和创造力更加开放，也利用当地的社会资源和团体能力，让学校真正整合成为一个文化中心，也帮助解决地区的一些社会问题。

在希腊，学校的影响力非常强大。所以，我们意识到，学校可以成为社会福利、新思想、团结的代言人，开展更多基于社区的活动，而不是简单地成为培训职业人的地方。认真上学，拥有良好职业很重要，但同时我们也是社会的一员，教育必须支持社会福祉。如果我们没有社会意识，仅仅想着个人利益是不够的。这就是我认为希腊教育体系可以发挥更大作用的地方。

这些都是我们想要改变的事情。

我在总理任上于 2010 年主导推动了地中海气候变化倡议（Mediterranean Climate Change Initiative），带领地中海周边的国家一起协作应对气候危机。我们当时还决定要让希腊成为可再生能源的中心。有太阳能、风能和地热能，甚至可以出口到欧洲北部。但可惜在我的任期内没有时间实现。

问题是什么，这还是需要学习

即便我们的政府做了很多努力，但还是因为上一届政府的错误而受到了惩罚和批评，成为民众泄愤的对象。这当然会让团队里很多人感到不公平。但是我认为，如果一个人的生活就此变得非常痛苦，那么他大约是没有意识到，痛苦本就是人生的一部分。

你需要勇气和内在力量来思考你做了什么，如果你做了你认为对的事情，你确实相信它们是最好的，即使可能有其他更好的选择，你也已经尽力了。

这不完全是我的个人责任，这是一种信念——希腊需要这些改变，我需要为希腊人这样做。

这也意味着，如果人们让我成了替罪羊，这不是对我不公正的问题，而是对他们不公正。

为什么？

因为那样他们就处理不了真正的问题。把责任归咎于我很容易，但这就是解决办法吗？我离任的时候，在议会里说过："听着，把责任归咎于政府很容易。但是真正的原因是什么？问题是什么？如果我是问题所在，那么我离开，问题就应该解决了。"

但实际上，我的离任并没有解决问题。随后上台的两届政府都不得不处理同样的问题，并且基本遵循了我提出的政策的基础架构。这两届政府有左翼的，也有右翼的，尽管他们在竞选时的承诺不同，但基本上做了同样的选择。

渐渐地，人们开始说，也许乔治是对的。因为他们发现有些人只是在竞选中承诺了一些根本做不到的事情，然后又回到老路上再走一遍，这导致希腊摆脱危机花的时间更漫长。

这个过程有点像手术做了一半却被喊停，伤口被包扎起来，换了一个医生后打开再做一次。我对民众说我们必须做困难的事情，切开这个毒瘤，这会很痛苦，但经过治疗它会愈合的。但另一个医生说，别担心，你什么问题都没有，他才是救世主。每个人都向往伟大的救世主，但那只是一个虚假的承诺。最后他们不得不重新进行整个手术，把痛苦的事情重新再做一遍。

最初那段时间我过得很艰难。我走在路上，人们会对我大喊大叫。如果他们不那么情绪化，我一定会坐下来和他们谈谈。但有些人并不是在寻求沟通，他们只是想发泄他们的情绪，或者他们不想被理性说服，因为发泄比反思更容易。

如果我犯了一个错误，我可以坚持说我没有犯错误，但我认为大多数文化会把"知错能改，善莫大焉"当作信条，把"诚实"视作优秀品质。我在演讲时也曾反复提到，有些事情我或许可以做出不同抉择，但是对于制定的主要政策，我不认为有什么错误，后来的政府措施也证实了这一点，最终他们不得不做了同样的事情。

所以我认为，在政治上或者生活中，你可以开放讨论你的观点，但是要清晰地表达，如果有必要，要足够坚强，要直言不讳地表达，这样人们不仅会慢慢理解你，还会理解更广泛的问题本身。

如我所说，如果我是华尔街金融危机、欧洲金融危机和希腊金融危机的始作俑者，那么我离任后问题就应解决了，但事实并非如此。现在人们意识到了这一点，他们说，乔治受到了不公正的批评，有很多人找到我，面对面地对我说：你是对的。

当然，在政治上，当政治家在竞争谁会得到更多的选票时，你的对手就算心知肚明，也不会站出来表扬你的做法。但是现在甚至有很多对手也承认，我做了正确的事，或者说，我做了必须做的事。

所以，是的，当时的我经历了一段痛苦的时光。但是你必须了解你自己，就像我在爱格告诉那些年轻学者的，认识自我，成为自我，超越自我。通过自我分析，看到自己的观点是什么，想法是什么。

我很幸运的是，在卸任总理之后，能够在党内继续领导几个月，然后我决定远离希腊的日常政治。我选择去了哈佛大学、哥伦比亚大学等，去沉淀我过往的政治经历，从一定距离来审视自己，正如苏格拉底所言，未经审视的生活不值得过（the unexamined life is not worth living）。这次游历也带给了我许多不同的观点和看法，让我能够分析希腊作为一个国家、作为欧洲的一分子经历了什么，同时我作为一个个体的人经历了什么。我认为这种分析是很有用的。

时间会揭示一切，但不要总把问题留给时间，你必须活在当下，以你的方式表达你的观点——不是以痛苦的方式，不是以责难的方式，也不是以受害者的方式。如果你成为领导或负有责任，就有被指控或不被喜欢的风险，或者必须做出痛苦的决定，这是必然会发生的事实。

后来，我回到希腊，慢慢从不同的角度回归到政治活动中。我不能说我总是成功的，但我在厘清希腊国家问题上成功地让更多的人理解了问题所在。

有时候是否掌权并不重要。如果你的想法被许多人认同并分享，帮助社会形成了对这个问题的理解，推动了实际问题的解决，那甚至可能比处于一个官方权力的位置上更有成就。

第十二章

看法、想法和做法

　　思觅研讨会也有来自中国、印度、韩国等地的参会者，我们希望思觅包括爱格都能继续发展扩大。这些活动就像是政府和教育机构的分支，可以看作是当今互联网时代的"广场"（E-Agora）。

思觅研讨会

1998 年，我在外交部担任副部长期间，创立了一个研讨会，首次会议是在锡米岛（Symi）举行的，此后就以这个岛的名字命名了研讨会（翻译成中文时我们采用了一个雅致名字——思觅研讨会：寻觅自由的思想）。

思觅研讨会是遵循古希腊哲学家传统的全球思想家的年度聚会。它汇集了来自不同背景的志同道合的人，包括思想先进的知识分子、政治家、诺贝尔奖获得者、企业家、外交官、科学家和活动家，讨论我们这个时代一些最紧迫的问题。

莱夫·帕格罗茨基（Leif Pagrotsky）曾任瑞典贸易大臣，代表瑞典参加了欧盟、经合组织、世贸组织、贸发会议、教科文组织和亚欧会议。他还是位艺术倡导者——挪威国家剧院和瑞典表演权协会的董事会成员。

有一次，我和莱夫谈到想创立一个论坛。我提出可以在希腊搞一个研讨会，谈谈当今世界，谈谈欧洲，从开放进步的观点、社会民主的观点、社会主义的观点、绿色发展的观点来聊政治，同时建立人际网络，互相学习，保持这个论坛的活力，并帮助更年轻的领导者应对未来的巨大挑战。

我想把研讨会安排在夏天，莱夫提出夏天通常是大家要举家出游度假的日子，不太适宜开会。这反倒给了我灵感，何不让大家把家人都带上？于是，思觅从一开始就"注定"拥有与众不同的气质和氛围。

当时像达沃斯之类的国际会议已经非常成熟，但整体风格也趋向保守，背后是私人财团或大型银行等，而我想要打造一个不太一样的研讨会。我们选择邀请的人不是考虑他们的政党背景，而是想聚集一些思想开放、真正愿意努力、致力于进步想法的人。

我们开始寻找一个适合开会的地方，但经费并不充裕。此前我虽然听说过锡米岛，但从未去过，后来找到那里时，我发现那是个非常美丽的小岛，没什么大型酒店。正好刚开始我们也没多少人，于是我们在海边找了一家便宜的小酒店入住，那里随时都能跳到海里游泳。

我们彻夜交谈，甚至在月光下的爱琴海里游泳，边喝葡萄酒边谈论政治话题。我们租了小渔船，和家人们一起坐渔船出去玩，在中途找到的大石头上野餐，去岛的另一边参观修道院。我们还组织了一个音乐之夜，大家都玩得很开心。

大概有 20 多位各行业的顶尖专业人士带着家人参与了第一届思觅研讨会。除了莱夫·帕格罗茨基，波兰前总理沃齐米日·齐莫舍维奇（Włodzimierz Cimoszewicz）、后来成为爱沙尼亚总统的托马斯·亨德里克·伊尔韦斯（Toomas Hendrik Ilves）等人也都来了。另外，我的阿默斯特学院的老同学、诺贝尔经济学奖得主约瑟夫·尤金·斯蒂格利茨（Joseph Eugene Stiglitz）也是思觅最早期的参与者之一。

也有一些思觅研讨会的与会者当时来参加的时候还是初出茅庐的政界新人，比如日后成为保加利亚总理的谢尔盖·斯塔尼舍夫（Sergey Dmitrievich Stanishev），成为阿尔巴尼亚总理的埃迪·拉马（Edi Rama），成为北马其顿国防部长的拉德米拉·谢凯琳斯卡（Radmila Šekerinska），成为罗马尼亚总理的维克多·蓬塔（Victor Ponta），成为亚洲基础设施投资银行首席经济学家的埃里克·伯格洛夫（Erik Berglöf），成为西班牙加泰罗尼亚自治区主席的帕斯奎尔·马拉加尔（Pasqual Maragall），成为联合国教科文组织总干事的伊琳娜·博科娃（Irina Bokova），等等。

回想 1998 年，世界的总体情况是相当积极的，虽然第二年爆发了科索沃战争，但当时柏林墙刚倒下不久，欧洲整体更为团结。事实上，那是欧洲计划大规模对外扩张影响力的时候。有期望、希望和兴奋，很像当你决定建造一座新房子时，你坐在那里规划如何设计它的外观，如何装修，以及如何确保所有人都感觉舒适、得到照顾并和平共处。

这也是我创办思觅研讨会的另一个原因。"冷战"时期，东西欧之间并不真正了解对方，在巴尔干地区和更广泛的东欧地区，柏林墙是有形的，但其他无形的隔阂也是真实存在的。

我们意识到相互之间需要交流、理解、倾听和尊重彼此不同的观点和需求，搭建桥梁，克服陈规、固有观念和敌意的高墙。

比如阿尔巴尼亚是希腊的邻居，但是在此之前我们却无法前往阿尔巴尼亚。即便 1998 年的世界已经更加开放，我们有机会去阿尔巴尼亚了，却并不真正认识和理解阿尔巴尼亚人。

在正式会议上，我们普遍没有时间聊议题之外的事，即便我们问问"哦，您的家人好吗"也更多是出于礼貌，很难建立更深层次的关系。因此，我们希望思觅研讨会创建这样一个让大家见面的好机会——像朋友那样坐下来，一起喝酒、游泳、交谈，真正了解彼此，再试着共同创造些什么。

这也是一种外交，和正式会议的方式不同，而是以更加人性化的方式去认识每一个人。而且这也非常重要，尤其是当世界经历了"冷战"、巴尔干半岛冲突、中东和地中海地区冲突、柏林墙的倒塌这些事件，我们如何打破怀疑，相互信任？在个人层面的深入交流有时候可以推动很多事情。

我们邀请思觅参与者的标准是寻找有前途的领导者，对世界有有趣见解的人，当然也有更正式的政治家角色，如外交部部长或政党领袖等，不同类型的与会者都有。比如我们会邀请绿色和平组织的负责人葛德·莱堡（Gerd Leipold），虽然绿色和平组织不是一个政党，但是在环保领域非常活跃。包括他的继任者、来自南非的库米·奈都（Kumi Naidoo）——一个非常有趣的家伙。奈都现在在为非洲年轻人建立一所领导力学校，思觅研讨会也会继续和他就培养年轻人领导力层面进行合作。

互相的支持

2011 年，我正在总理任上。由于爆发了债务危机，全国上下都压力重重，人们对削减工资和财政紧缩非常不满，我们决定取消当年的思觅研讨会——在那种情况下，聚在一个海岛上享受美食、美酒，坐而论道，似乎不是什么明智之举，会给公众留下很"错误"的印象。

但是出乎我意料的是，"思觅人"和他们的家庭决定自行举办那年的研讨会，就在雅典郊外的苏尼翁（Sounion）搞了个小型的思觅会。发起人包括莱夫·帕格罗茨基、约瑟夫·尤金·斯蒂格利茨、美国经济学家杰弗里·萨克斯（Jeffrey Saks）、联合国开发计划署前署长凯末尔·德尔维什（Kemal Derviş）等人。

他们说："乔治，我们自己来举办今年的思觅研讨会，为的就是来这里支持你。"他们和我一同准备如何应对当时即将在欧盟举行的债务协商会，就像专门开设的一次培训课一样，为我分析了各种情况，模拟了各种反应，评估了各种策略。带着他们这些顶尖专家的建议，我去欧盟谈判，为希腊争取更多的支持和保障。那些充满友情的时刻真的给我留下了难以磨灭的印象。

真诚的表达

我希望思觅能提供一种平衡，虽然它本身不会成为真正的平衡，但它的主要目标之一是让更多进步的想法产生碰撞。即便是来自普通家庭的孩子，或者没有那么多见识和观点的年轻人，也可以在研讨会上自由表达自己。

参与者要做的就是，了解其他人和他们要表达的观点，也由此了解自己。

想一想这些人在生活中遇到了什么，做了什么，如何选择。不仅仅是坐下来听他们说什么，而要提出自己的有趣的问题。不一定都是跟政治相关的问题，也可以问个人问题。个人问题不是指八卦，你可以问问：你是如何处理危机的？你的热情是什么？你认为世界应该走向何方？你对我们年轻一代有什么建议，我应该学习什么？或者其他你认为很重要的问题。当然，这也取决于演讲者是谁，他们会对什么问题感兴趣。

我希望参加思觉研讨会的年轻人可以尝试更多地互动，越多越好。比如，虽然爱格社区的孩子们普遍更活跃，但相对来看，来自亚洲的学生和导师交流时往往比较内敛。他们从小就被教导要听师长的话，因此见到首相，或见其他"大人物"，他们可能会出于尊敬而感到紧张，但其实他们完全可以试着让其他人多了解自己。

思觉研讨会的整个想法是尽可能个人化，尽可能非正式，我们探讨的话题很严肃，但形式和氛围更真诚、更开放、更友好，鼓励大家自由地说出自己的想法，保持好奇。

当你面对观众，去谈判，或者要见一个社会地位比你高得多的人，想要传达你的诉求，但你只有一分钟的时间和他们交谈，那么压力必然存在。我们应该把交流的对象当成一个平等的人来看待，而不仅仅是以他们的地位和身份来仰视他们，要把交流变成一个真正能获得一些信息、想法或问一些我想问的问题的机会。

在交流会或讨论会上提问的时候，有些人可能会觉得有一种压力——我希望自己显得很聪明，但其实完全不需要这么想——如果你知道问题的答案，你就不用提问了。即使你提的问题显得很天真，也可能会引发一些非常有趣的讨论和回应，所以放轻松。

我现在在公众面前演讲的时候还是经常会觉得有压力，觉得要说一些有哲理的话，让人觉得我很"聪明"的话。我经常提醒自己把这种压力转变成思考：我真正想表达的是什么？我尽量真诚地表达我想表达的，而不是去"表演"成为某种形象的人。因为你必须"表演"而非"提问"的时候，情形是完全不同的。

爱格世界行（Agora Grand Tour）让大家收获丰富，不仅仅是因为参加研讨会，听演讲等，还包括了孩子们自己一直在思考各种问题，与自己的感受保持连接，试着了解自己的反应和事情、其他人之间的关系。这样才能学会理解自己。

重要的是记住这两点：了解你的观众，也必须了解你自己。了解你自己的问题是什么，了解你自己的成长困顿在哪里。

你想说什么？你真正想说的是什么？你说的是你应该说的话，还是你真心想说的话？我认为你必须对自己做一点"灵魂拷问"。当然我们现在可以让人工智能为自己写一篇演讲，我也出于好奇尝试过。但我仍然认为那无法代表我本人，人工智能可能写出一篇非常好的演讲稿，在一些话题上发表非常有趣的观点，甚至可能文笔

优美，用词讲究。但这些是你的话吗？是你会使用的词吗？这些能
代表你的问题、想法或价值观吗？这是你真正需要思考的地方。

广场

在我决定出这本书的时候，思觅研讨会已经创办 25 周年了。我
们也需要聚在一起，坐下来重新思考：我们在过去 25 年里做了很多
有趣的事情，未来 5 年、10 年，我们想做什么？如何慢慢把它交到
年轻一代的手上？思觅对未来的作用是什么？教育究竟能扮演什么
样的角色？

思觅一开始是一个亲密的、深入的非正式的外交平台，我们聚集
一群有同样想法和使命感的各行领袖，在希腊爱琴海的某个岛屿上，
带着家人，来一起探讨欧洲乃至当今世界的大事。思觅以自己的方
式促成了外交破冰、文化交融、地区互信，很多问题得到解决或者
缓解。

这些年来，因为我对教育，尤其年轻人教育的不变的热忱，思
觅慢慢也变成了一个教育平台，通过举办青年领导力项目，比如面
向中国年轻人的爱格计划，思觅承载了教育使命。

莱夫的女儿当时不敢从小船上跳到海里游泳，但她在思觅完成
了自己的第一次潜水尝试，后来她回到瑞典后就开始学习潜水，最
终差一点就成了一名专业潜水者。托马斯·享德里克·伊尔韦斯的
长子当年也是个非常聪明的小家伙，对互联网特别感兴趣，现在他

是欧盟委员会的高层人物，致力于打击网络犯罪等问题。

罗纳德·海菲兹也是思觅研讨会的常客，他有两个孩子，女儿追随他的事业从事领导力训练，儿子则选择进入政治界并曾为贝拉克·侯赛因·奥巴马（Barack Hussein Obama）撰写演讲稿。也有很多与会者的孩子在各领域发展，他们大多都成了杰出的人物。看着这些孩子一步步成长是很有趣的事情。

思觅研讨会也有来自中国、印度、韩国等地的参会者，我们希望思觅包括爱格都能继续发展扩大。这些活动就像是政府和教育机构的分支，可以看作是当今互联网时代的"广场"（E-Agora）。

第十二章

领导你自己

即使是青少年，也是自己生活的领导者。越早意识到自己的责任，就能越早承担起这份责任，这样你们将来就有可能在更大的范围内成为更好的领导者。因为你们已经拥有这样的领导力，而未来只需将其运用到周围的人身上，运用到更重大的生活、工作决策上。

中国

我在阿默斯特学院学习时，其中一门课程是亚洲历史，这门课有很多关于中国的内容。我和我的同学们都对中国很感兴趣，当时美国乃至世界各地的学生运动风起云涌，我们一直在寻找新的治理模式来应对资本主义和帝国主义的侵袭。所以我们学习了很多关于中国历史的内容，包括读了很多毛泽东的著作。

我第一次到中国是在 20 世纪 80 年代，和当时的希腊总理一起进行官方访问活动。那次中国之行让我充满好奇，因为当时去中国旅行并不常见，外国人出现在那时的中国街头仍然是一道挺奇特的风景。

我记得我们住在一家国营宾馆。当时的北京还没有像现在这么现代化，是一座非常与众不同的城市。街上几乎没什么汽车，但自行车特别多。没什么大型购物中心之类的地方，而是有很多小市场，你可以在那里找到各式各样的饰品、雕像等小玩意儿，还有当地的特产、食物、生活日用品等。当你买东西的时候，商贩会讨价还价——我们在希腊也那样，所以这对我来说并不陌生，但也许对美国人来说就会很不习惯了。

我们试着抽出极少的空闲时间上街逛逛，尝试了富有中国传统特色的事物，比如喝茶。当时大街上没多少人会说英语，现在要找个会说英语甚至其他外语的中国人交流则要容易得多。

之后中希之间的交流逐渐增加，许多中国的政府官员也陆续到访希腊。在其中某次访问中，我还请中国当时的外交部部长签署了《奥林匹克休战决议》。那时的手机还不能拍摄视频，我就用一个小数码相机记录下了当时的场景。

我从希腊总理的位置上卸任后，应各种活动的邀请又一次次去到这个美丽的国家。我看到中国变化非常大，最直观的就是城市的迅速发展繁荣，宽阔的道路、大量的汽车，还有生活日渐富裕的居民。中国对外也更加开放，对世界的兴趣也越来越浓厚。我在中国大都市和旅游景点随处可以见到形形色色的外国人。同时，我在世界大都市和知名高校也总是能见到在海外求学的中国孩子。

中国的父母

因为爱格的缘故，我有机会去了很多中国学校，见到了很多中国父母和孩子，我也看到了明显的代际差异。

中国的家长常让我想起希腊的父母，他们中的很多人曾经历过困难时期，现在拥有了更为富裕的物质生活，他们发自内心地感激中国的变化，因为对他们来说，这是生活中的重大转折。

年轻一代也对自己的生活感到很美好，同时他们在寻找更多的人生意义，想要的也更多，这很容易理解。他们想要好的工作，过上更好的生活，同时也在探索人际关系、情感、内在自我，他们渴望了解世界，建立国际视野，等等。

当然还有社交媒体带来的代际差异，全球的年轻一代都是在网络社交中成长起来的。父母面临的重要现实是，这一代人在生活中面临着与上一代人截然不同的诱惑，吸引他们的东西不一样，让他们产生冲动的东西不一样。孩子们在寻找不同的东西，也有不同类型的问题。

希腊家庭和中国家庭还有不少相似之处。

希腊父母希望孩子上好学校，并努力考上好大学。如果孩子们需要帮助，比如想去其他地方生活，要付房租，父母可能会卖掉他们的房子或其他资产，就算家境贫寒，他们也会想方设法供养孩子。他们非常非常希望孩子接受良好的教育，当然，接着就是希望帮孩子找到一份好工作。

所以，希腊的父母对孩子的保护欲非常强，但与此同时，孩子也产生了很大的压力。

我在中国也看到了类似的情况。父母非常希望他们的孩子做得好，非常舍得为孩子的成长投资。当然，也很担心孩子的未来。我遇到的家长还有个普遍特点，就是他们真的很想学习如何成为更好的家长。他们为孩子着想，会一直提出各种问题：我还能为孩子做些什么？我该怎么搞好亲子关系？我该如何处理和孩子的矛盾？

当然，几乎每个青少年都面临着大学入学考试的压力，在希腊也是如此。家庭中的压力很大，有时候就像个易燃易爆的燃气罐。家长们会不断思考：我们能为孩子提供特别的条件吗？该怎么做？这样的学习、生活，对我的孩子来说适合吗？我还应该为孩子的学习准备些什么？

因为我担任过希腊教育部部长，所以常被视为教育方面的权威。

我记得有一次在宁波，我们和一群家长开座谈会，聊到我是如何长大的，我是如何养育孩子的。我发现在座的家长在不停地记笔记，所以不得不提出"警告"："每个人生而不同，各具特色，大家有自己的孩子，有自己的性格。我不希望你拿着这些笔记，回家照搬用到你的孩子身上。你必须用自己的头脑去思考，去观察你和孩子的互动和反应。"

在希腊，家长和我交谈时可能不太关心"部长"对他们孩子的教育怎么想，他们更愿意听老师、心理学家或其他比较了解他们孩子的教育专家怎么说。他们在交流中会显得更"好斗"，有更多表达自己观点的欲望。

每个人都有自己的观点和经历，我相信中国的父母也一样。我只是想提醒他们注意，不要把教条视作建议，也不要迷信权威。国家会通过建立权威来规训人，这类的规训会潜移默化地影响着社会中的每一个人——如果按照指示去做，事情会进展顺利，你就会得到回报。但是在亲子关系中，即便有各种教育指南和参考书，父母也必须非常小心。因为孩子是一个独立自由的个体，是一个真实的人，你必须要关注他的反应。

另外，如果我们想要培养孩子的领导力，那他们首先需要自立。所以，一方面我们要保护孩子，但又不能过度保护，否则他们就会像一直被拴在一条无形的脐带上。等到脐带不得不因为种种原因被切断的时候，他们会感到很茫然。这是一种需要家长自我控制的微妙平衡。

每次来中国接触家长，我也尽可能去倾听他们的故事。其实父母的情绪也需要被关注，当他们说出真实的困扰时，你会发现亲子关系问题令一个成年人变得很情绪化。

曾经有一位母亲对我坦言，她和女儿的关系很糟糕。她非常爱女儿，但孩子自我封闭，几乎不与她交流。她想要尝试改变，却不知道该如何做。无法和女儿沟通让她非常担心：孩子是压力太大了吗？她有什么更深层次的问题吗？这也让她产生了极大的自我怀疑：我是一个好母亲吗？

在亲子关系的发展中，父母和孩子会时而关系亲密，时而关系紧张，尤其是当孩子更大一点时——为什么我妈妈不这么做？为什么我爸爸不这么做？他们本可以这样，他们本可以那样。但这就是生活。

我当时也给了那位母亲一些建议：

首先，反复迫使孩子对你敞开心扉，只会让她更加封闭，更加退缩。你们的话题不应总是围绕着学习，围绕她的成绩，不如找机会谈谈她感兴趣的话题，聊聊她的朋友们，问问她们在谈论什么。

其次，一起去做些其他的事。试想，孩子从早到晚都在学习，你晚上见到她的时候，她已经很累了，根本没什么精力和分享欲。而作为父母，除了让她回家有饭吃，督促她学习之外，你还能做些什么来表达你的爱？你不应该仅仅是"厨师"和"监工"。

也许你们可以一起去散步，带她去餐厅，邀请她的朋友来玩，或者去看她喜欢的演出，陪她去做喜欢的运动，等等。

有时候，孩子负担太重，家长必须帮助她减轻负担，让她感受到，你无须为了达不到所有被赋予的期望而内疚。有时候外界对孩子的期望太多了，导致她没有时间独处，没有时间和朋友在一起，没有时间玩，没有时间享受生活。

平衡之道

我想每一位父母都是"端水大师"，这让我联想到中国古代哲学的阴阳平衡之道。在孩子面前，我们一直不停地在严厉和慈爱、鼓励和批评、自律和自由、稳定性和创造性、工作和家庭等方面寻找平衡之道。

例如，我们希望在孩子的成长经历中为其创造稳定性，给他们提供安全感，这确实非常重要——尽量让他们在熟悉的环境下长大，具有长久的、稳定的来自儿时的友谊。父母能够保持情绪的稳定性，并且花尽量长的时间来陪伴孩子，让自己成为孩子最为信赖的人，这样孩子碰到困难时会第一时间和你分享。如果父母没有给予这种稳定性，孩子可能会不愿意和父母分享他们的所思所想，这对他们的成长非常不利。

当然，稳定性也可能导致过多的规则、故步自封、缺乏创造性。

我们对一个人的最高评价之一是"这个人很有创造力"。创造性是孩子的本能，我们的人生最有创造力的时候往往是我们的童年和青少年阶段。如果我们不从小培养和呵护孩子的创造力，到了成年后，指望我们的孩子一夜之间变得有创造力或者再去学习创造力，我认为不是很现实，因此父母的平衡之道就尤为关键。

另一个我观察到的是学业和承担个人责任之间的平衡。这在希腊和中国都很普遍，很多家长因为孩子学业紧张，往往主动帮助承担很多需要孩子自己承担的责任——规划学习时间表，承担相应年龄应该承担的家务等。

我们通常重视孩子的脑力劳动而轻视体力劳动，这其实也需要找到一种平衡。因为在我们的生活中，这两者都是必不可少的。如果孩子在成长的过程中不能学会承担必要的体力劳动等责任，长大后自然而然就不会视其为自身的义务，更大的可能是会成为一个成年却无法独立生活的"婴儿"，这会给他们以后的人际交往及家庭生活带来不少障碍。

我在一本书中看到了一句话："每个父母都有义务教他们的孩子如何'游泳'。"这是一个比喻，意思是孩子需要具备一些基本的照顾好自己的技能。当孩子慢慢成长，走向社会，开始有自己的工作、家庭以及他们选择的其他社区，像朋友圈或者因为共同兴趣而组建的社区等，在与自己相处、与他人相处的过程中会有很多机会，但肯定也会伴随着挑战，那么如何在这些挑战中"游泳"呢？父母又该如何教导或帮助他们做准备呢？

　　父母在一些不会危及人身伤害或者重大后果的事宜上，可以多给孩子思考探索解决方案的过程，并且在这一过程中，让孩子为自己的选择承担责任。也可以考虑让孩子到家庭和学校外的一些真实生活场景中学习，比如可以做一些兼职工作。

　　当孩子出去工作时，不再是父母告诉他们应该做作业或应该做家务，而是主动通过承担责任和事务来获得报酬，这就是一种学习"游泳"的方式。青少年时期，我在几个国家做过几十种不一样的体力活的工作，收获非常大，我也非常引以为傲。因此，我也鼓励青少年们可以多走出去，多锻炼自己。

优点和缺点

　　我希望爱格可以引导那些拥有巨大优势的年轻人意识到谦逊，让他们不觉得拥有特权就成了独特的物种。这其实不仅是为了他们周围的人，更是为了他们自己。同时对于那些处于弱势环境的年轻人，爱格可以让他们为自己的努力感到骄傲。

　　有一些优势或有很大优势的人往往天生握着通往更好生活的门票，但他们的人生旅程仍然很艰难。有时你会受到更多的审视，有更大的压力要证明你自己。即使你可能在经济上处于更好的境地，虽然在生活中这很重要，但是在精神和心理上，你可能面临更大的困难。

那些来自普通家庭的孩子，注定会和生活有一场艰苦的斗争。要打开某些大门可能不容易，但是如果你能够前进，那些你在经历困难和挫折时累积的技能能够让你勇往直前且无所畏惧，继而你会有所成就，为此你感到更加自豪，也会感到更加满足。

因此，如何将骄傲和谦逊这两者结合起来是一个需要深度思考的问题。

我们都有自己的优点和缺点，无论我们出生在天平的哪一端，我们都可能过得更糟或更好。但更值得思考的是，不要过分局限于关注我们自己的个人生活，应该看看如何在社会中起到更大的作用。如果我们处于不平等的社会中，看看如何让它更平等、更人道。如果我们能在更平等的社会中生活，那么我们就更有能力为更好的时代或更好的解决方案和更好的社会而共同努力。

强势群体和弱势群体都有不同的压力。爱格的运营也要承担巨大的成本，但随着我们的发展，现在爱格提供了越来越多的奖学金，帮助那些家庭困难的优秀青少年参与进来。

不同群体之间的互动非常重要。当下，我们的世界越来越不平等，正在走向互相隔离，在互联网上和现实世界中都是。这是冲突的根源，这是痛苦、恐惧或愤怒的配方。

几年前我读过一项有趣的关于健康的研究。哪些国家的健康状况更好？其中一个标准是长寿。所以他们选择了一些较富裕的经合组织成员国做比较。美国可能是其中最富有的国家之一，但它也是最不平等的国家之一。

研究表明，美国富人的寿命比瑞典富人短，因为瑞典社会更加平等。这也可以理解，因为如果你作为一个富人生活在一个充满恐惧、分裂和痛苦的社会里，你就必须雇用私人保镖，建设安全屋、封闭区域、特殊医院……你所在的社会的情况会影响你的健康。你越有社区意识，跟你的邻居关系越好，就越能拥有健康、互助的社会关系。这样的社会对人们来说也会更有意义。

所以我认为培养这种理解和交流很重要。不同类型的人和文化之间交流越多，成长也就越多——甚至交流的都是些小事，比如你喜欢吃什么样的食物，你喜欢玩什么，你讲什么样的笑话，等等。真正的交流让人能够享受多样性和不同个性的优势，从不同的个性中学习，和不同的人一起过开心的人生。

领导力

青少年时期是孩子开始思考他们的价值观、信仰和生活目标的最佳时机。我们要帮助年轻人深入研究或理解自己的欲望、需求、挑战，以及如何处理问题，如何建立一个值得信赖的朋友圈，等等。这些在我们的生活中都非常重要。

这也是一个人真正开始形成自己对世界的看法和信念的时期。从我自己和这几年接触爱格学者们的经历来看，十几岁时的思考会对他们的生活产生很大的影响——不仅仅是经历本身，还有自我探索、自我认知的意识和过程。

不管一个人的年龄大还是小，我们总可以从他身上学到东西。我很喜欢和爱格社区的伙伴们交流，了解年轻一代是如何看待世界的，这也常让我大开眼界。

关于什么是领导者，至今仍有很刻板的观念。即认为领导力必须出自一个有权力的人，一个已经达到职业生涯高点的人，一个做决定的人，等等。

我们必须从非常不同的角度看待这一点。首先，无论如何，我们每个人都在领导自己的生活。你是你生活的领导者，你如何管理你的生活就是领导力。

其次，你也和其他人一起生活在一个社会中、一个社区中，在与家人、同学、同事、邻居、朋友相处的时候，你都扮演着相应的角色。我们需要的领导力是能够思考事情将如何发展、如何改变，怎样能变得更好，提高大家的共同利益。

比如最近还有人对我说，他们希望我作为领导人能表现得更强硬，想要我带有那种"拍案而起"的气度。即使在已经跟我合作了很多年且已了解我如何行事之后，仍然会对我提出这种要求。

我们常常能在电视或社交媒体上，看到各种炫目的展示财富或炫耀权力的活动。真正的问题是：我们倡导什么样的价值观？

通过爱格社区，我们试图探讨对价值观有充分觉知的领导力。人类能够通过理性讨论、理解他人、对话来激发灵感，建立处理日常问题的能力，进一步去面对我们这个时代的问题。

当下可能是人类有史以来最具挑战性的时代之一，因此，如果我们不激励和动员所有人，不使用人类的集体智慧，就无法解决我们面临的挑战和问题。

即使是青少年，也是自己生活的领导者。越早意识到自己的责任，就能越早承担起这份责任，这样你们将来就有可能在更大的范围内成为更好的领导者。因为你们已经拥有这样的领导力，而未来只需将其运用到周围的人身上，运用到更重大的生活、工作决策上。

领导自己

希腊现有的教育系统提倡的是获取技能，促进了人们对某些学科的了解，甚至包括体育等方面。而对自己更深层次的了解，并不是希腊学校系统真正关注的问题。并且，教育仍然像是工业生产一样——我们产出很多工程师、程序员、生物学家、金融学家等。

爱格社区真正强调的不仅是外部知识和信息，它更强调更深入地了解自己，包括自己的心理和困境。为了让自己在某些事情上步入正轨，你首先要学习领导你自己，可能是在你的小组、朋友圈子、社区、公司或学校中寻求一个位置，当然也可能是为了获取某些权力。但除此之外，通过呈现你的言谈、行为和生活方式，你也是在创造自己的人设。

这可能是好事，也可能是坏事。这可能是你想遵从的东西，或者你想强迫别人做的事，或者你真的证明了有另一种更有创造力、更富有同情心、更善解人意、更包容、更有激励性的方法，并且也没那么独裁。这就是爱格项目带来的成果，这一点非常重要。如果你希望减少人生中的失败，就多聆听那些知识渊博、有经验的人，那些在为世界上某些特定的事业奋斗的人的重要观点。

你必须脚踏实地，了解自己。了解你自己也意味着了解你的缺点和弱点。因为当你真正有权力的时候，你没有意识到自己的弱点，就会被别人利用。如果你知道自己的弱点，就可以保护自己不受这种权力游戏的伤害。

你也需要构建一个道德框架，可以在框架内处理遇到的任何问题。你可能遇到不同的看法，甚至尖锐的批评。但你也要明白，你如何解决问题、应该怎么做、如何保障完成，还有你想要达到什么目的？因为你拥有的权力可能让你用武力把问题一个一个地解决掉——通过强制要求，通过禁令来解决。或者你也可以通过团结大家来集体解决问题。所以我觉得需要思考的是：你能创造包容的领导吗？包容的领导是指，你在领导，但你也会让人们参与其中。这也意味着作为领导者你必须接受这个过程。

因此，你在某种程度上给予了人们力量，但要小心地确保他们也承担起相应的责任。因为人们很容易说："没错，你说明白了，但我为什么要信任你？"

如果人们信任你，你制订的解决方案，不仅能被他人接受，还能得到他人的帮助。

举个例子，如果你要处理社会上逃税的问题——我在希腊就处理过——你可以制定各种法律，这样人们就很难逃税了。但如果能让人们参与进来并理解，这些税收对于提高医疗水平和创造教育机会等都很重要，不是更好吗？这也意味着我们都有责任确保税收系统运转良好，教育系统运行良好，医疗系统运行良好。接着人们会形成这样的意识：我有责任确保自己所在的社会运行良好。

人们不想交税，但想要一个好的教育系统，想要一家好医院，最后只能事与愿违。任何形式的改变都意味着人们必须以某种方式做出贡献。贡献出他们的时间和想法，改变生活方式和习惯，来创造出一个更公正的社会。领导者给予人们一定的权力，也要让他们明白他们也有责任。

做到这一点很困难，但也很重要。

第十四章

未来的教育

　　古希腊与现代是不同的时代和社会结构，因此看待教育的方式也不同。我们不需要借鉴那个时代所有的东西，但是我们进行思考的时候可以打开一个机会之窗去比较它们，以一种不同的方式思考教育。

　　有一个很有趣的知识，school（学校）这个词来自古希腊语skhole，它的本意是"闲暇时间"。所以对于古希腊人，学习其实不是辛苦工作的时间，而是在享受教育的过程。

认 知

　　我之所以对教育产生兴趣，是由于几个不同方面的原因。在成长过程中，我到过许多地方，从一个国家搬到另一个国家，也就意味着从一种教育系统换到另一种教育系统，从这所学校换到那所学校，这样一来我就从中获得了两三种对教育的印象，而这些印象深深地印刻在了我的脑海中，构成了我对教育的认知。

　　首先，我认识到世界上有许多不同的教育体系，它们中的一些表面看起来差异很小，但如果你仔细探究，就会发现它们其实千差万别。教学的理念和方针、教学方式、师生之间的关系，还有整个学校都可以是不同的。但这些差异恰恰提供了想象的空间，让我们意识到我们可以做出更多的、各式各样的变革。

　　其次，在不同的文化背景下会产生不同的教育系统和思想认知。但现在的学校只是我们由于工业时代的出现和其他种种原因而采用的一种特定的教育方式。现存的学校体系，无论哪种形式，都无法真正做到始终教给学生们你想教授的东西，帮助他们真正了解自己。除此之外，我认为还有一种现存的教育体系普遍缺乏的东西，那就是从彼此身上学习、探索、享受教育，让它成为令人愉悦的体验。

从我自身的经历来说，我曾就读过让我体会到这种愉悦的学校——我能够从学习中感受到乐趣，同时我也学到了东西。这样的学校能够激发我的好奇心，让我产生想要学到更多的感觉。这种感觉本身就是一种享受，即使对当时还是个小孩子的我来说也是如此。而在其他学校，学习成了一种单调的重复，令我感到疲倦，这样的学校无法激发我的想象力，更像是一种机械式的知识填充。

从这样的经历中我获得的基础认知之一就是，我可以找到方法把学习变成一件快乐的事。这样的想法一旦产生，就一直伴随着我。因此对我来说学习就变得更加容易，成为一个从未间断的过程，它可以在学校里、在教室里，也可以在学校外。这个时代赋予了我们许多令人赞叹的新选择，我们可以获取许多信息。

这也让我获得了第三点认知，那就是随着时代的变迁，从前我可以从图书馆之类的地方获取信息，但现在我们进入了互联网时代，摆在我们面前的是海量的信息。我认识到培养人们的判断力，让他们批判性地看待信息、对它们进行分析而不是像以前那样照单全收变得尤为重要。

所以就是这种种经历激发了我对教育的兴趣。我亲历了希腊的政治斗争，看到那里的教育系统更偏重于控制，而不是像有些国家在教育中侧重于思考的能力和生命本身。不同国家的教育方法更是千差万别。

这些不同的经历不仅影响了我对教育的看法，还影响了我对政治和权力，以及社会权利等的看法。还有一点，我不仅在正统的教育系统中工作过，还在所谓的"非正统"教育系统中工作过，尤其是成人继续教育，你会遇到与正统教育系统截然不同的教育理念。

我善待每一个人，因为这样才公平。每个人都有独特的经历，每个人都有不同的知识储备，而我需要做的是鼓励他们把知识分享出来，让这些知识成为团体的智慧。这也是建立公民意识的一部分：人们在团队中工作，用他们的知识做出贡献，来理解问题和困难所在，提出解决方案等。所以，这是一种非常不同的、更加自由的教育。

目的

作为希腊教育部部长，以及后来作为一个教育者，我需要面对和深入思考的第一个问题是：教育的目的是什么？

这听起来像是一个简单的问题，但其实并非如此。

学习知识是为了求职？公民社会的教育是为了让每个人成为一个遵纪守法好公民吗？教育是为了人们生活幸福吗？教育的目的是让人成为一个勤奋的工人吗？教育是为了促进纪律意识，还是为了促进创造力和创新？

教育除了教书本上的知识，是不是也应该传授一些"人生大事"：如何组建一个家庭？如何理财？如何吃得更健康，活得更健康？如何在你的社区里和他人相处？诸如此类。

教育是理论化的还是实用性的，抑或两者兼而有之？学校应该与当地社区，甚至与更广泛的社区联系融合起来，还是自成一体？

教育应该是自上而下的吗——老师教你一门学科，你只是倾听和吸收知识，还是应该有更多互动性？课程大纲的规定非常严格，是否应该根据学生的想法、兴趣和天赋更加开放？

我认为这些都是教育学的问题，既有哲学角度的问题，也有关乎一个国家如何发展的问题。我们有没有一个优秀的、健康的教育体系，能帮助年轻人做好准备，迎接挑战，作为一个个体，作为社区的一员，国家的一分子？

技术发展正在改变我们的教育、生活和工作方式，它也将改变我们未来的职业岗位。50年或100年前，大家知道有哪些基本职业、基本技能，如何在它们的基础上发展自己的能力。但今天即便那些传统上被认为是非常"牢靠"的饭碗，也正受到技术的极大威胁。举一个不那么严谨的例子，律师曾是很受青睐的工作，但人工智能可以完成律师90%的工作，这意味着它将重塑这个职业。作为一名律师，也许你未来更需要的是演说家、讲故事者的技能，而梳理资料，找法条的细节、判例等都可以由人工智能来完成。

社会所面临的教育挑战是一个大问题，我们必须分析：现状是什么？挑战是什么？在一个社会中，人们想要什么，利益相关者又想要什么？我们必须评估方方面面。我们需要和父母谈谈，他们想要什么？如果问他们希望孩子通过教育获得好工作吗？毋庸置疑，答案是"是的"。那么父母希望孩子快乐吗？希望孩子有时间玩？好工作是最重要的吗？孩子需要什么样的老师？有些事情我们并没有真正和父母讨论，我们可能认为事情是不言自明的，但事实并非如此。我们必须和老师谈谈，因为"教师"这个职业也在改变。

所以教育真的需要人们的参与，必须培训老师，培训学校管理者，和学生、学生父母交谈，并把这些放到更广泛的社会背景下来综合评估——对老师评估，对大学等机构评估，对学生本身评估，还有对整个系统进行评估——它运行良好吗？它运行不好吗？总会有人质疑评估或提出不同的想法。这是一个相当复杂的命题。

芬兰经常在经合组织的国际学生评估项目（PISA）评分中排名第一。这些年来，芬兰教育系统已经减少了对学生进行评分，更多地以项目学习法为导向。教授的评估更多是关于每个孩子的整体发展：这个孩子是如何成长，如何学习，如何进步的？我们应如何帮助他们，而不是试图给他们排名。

孩子们不应该被放到一个制定好的模子里去匹配。芬兰会花更多的精力去培养教师，而不是花更多的资源去衡量学生。中国有个词叫"内卷"，很好地阐释了一种现象——当评价标准比较单一时，所有的参与者都希望在这个评价标准中脱颖而出，所以越来越多的人花更多的时间、更多的钱去争取更高的分数，但是这些竞争并没有创造新的价值，反而让很多社会资源被浪费，让资源集中的人更集中，让资源不足的人更加捉襟见肘，在竞争中容易被淘汰，社会的两极分化日益严重。

排名制度不好的一个原因是，无论我们选择怎样的系统来对学生进行排名，总会有第一名和最后一名。但是最后一名的孩子也可能在其他方面有自己的能力，他们可能只是不擅长某些类型的测试，但他们可能擅长生活中的其他事情。一个好的教育系统，能让每个人发挥出自己身上最好的能力，每个人都可以在生活中不同的事情上成为第一名。

所以，我们不能把我们的社会和学校系统想象成"工厂"，只根据非常狭窄的规则生产"产品"。我们试图培养的应该是一个完整的人，让这个人成长、发展，并在其一生中继续下去。

我们是一个复合体。人类是复杂的，我们的头脑、身体每时每刻都在变化着，但很多时候我们并不自知，所以要意识到这一点也是一种学习。

85分或者90分，5分之差对于大学录取而言可能是天壤之别，但5分之差又怎么能判断人与人的不同呢？这就是"高分游戏"的问题：我们把受教育者放入了这样一个系统里，希腊式的高考其实是在向学生和他们的家长输出"高分至上"的价值观。但这实际上是我们社会想要的吗？

当今的教育体系中包含太多的测试，这些测试都在试图将孩子"物化"，装进盒子里并贴上标签。老师和家长之间应形成有机关系，即在老师和家长间形成一个关于如何了解并激发孩子潜力的体系，而不仅仅是成绩的好坏。

教育孩子这件事不应该只是学校的任务，家长和社区也该参与进来。比如哪个家长有一些特长，可以来到学校里教孩子们如何去做，哪怕只是最简单的做饭。老师并不是局限在一些特殊的人当中，每个人都能成为老师；学校也是一样，它不应仅局限于四面墙内的空间，

学习是我一生的倚靠

它应该更加开放。

这就是为什么我认为谈教育要先厘清我们的目的是什么。

而现在，人工智能也给教育带来了一种全新的挑战。

我们现在拥有大量资源，拥有共同的知识财富，这在互联网出现之前是不存在的。曾经，有些学校或城市会有一座公共图书馆，你手中的书就是你的资源。但是现在每个人都拥有一座无限浩瀚的"图书馆"，如何利用它、如何辨别浩如烟海的数据和信息则是我们必须学习的。如何评估你所看到的？如何保持批判性思考？如何分析或理解？

当学生们遨游在这个巨大的数据海洋中，他们需要一个指南针，这就是教授或老师必须提供的。教师不再仅仅是传递知识和信息的人，更应成为导师和支持学生学习的向导。还要帮助学生发现他们自身的能力，使他们拥有一个内在的指南针，建立自己的价值观，掌握分析的技能，具备对自己的理解和对别人的理解。

作为导师的老师所从事的教学工作内容，不再是像几十年来一样重复教授同样的书本内容、同样的知识，我认为这意味着教学理念的彻底改变。老师将变得更加重要。

现在网上有海量丰富的在线课程，比如我们可以在家里看到一些哈佛的课或是讲座的视频，老师们不需要重复这些内容，而是可以坐下来和学生们聊天：你的问题是什么，你的兴趣是什么，你从这个讲座中学到了什么，你与这些议题有什么关系？

老师们和学生们都应该慢慢思考，变成内容的生产者。因为一个生活在大城市市中心的学生和某个生活在农村的孩子的经历是截然不同的。即便在同一地方长大，每个孩子也有不同的心理状态，如何设计出孩子们能理解、能与自身产生关联性的教学内容，以及如何让他们有创造力就显得更为重要。

最后，我们还可以把学生想象成老师，可以让年龄较大的学生教小一点的孩子，可以让孩子们协调合作，甚至让学生们自己创造学习内容。爱格学者们会在一起谈论哲学、制作视频、排演戏剧、组织辩论等，这不是孩子们通常在学校里能学到的东西，因为在学校里他们没有被赋权。但事实证明，他们在校外做到了，能学到很多东西。那为什么不尝试在学校里做呢？

新技术同样也是一个挑战。

很多孩子玩电子游戏，但是我们还没有看到电子游戏在学校和实际学习中的发展。有一些类似的游戏已经出现了，但它远未真正成为教育的核心。

古希腊人认为学习是一个人发挥创造力的过程，而非某种艰苦的劳动。教育的变革具有挑战性，但那才是学校真正必须成为的样子：一个非常有创造力的地方。

现在，我们在文化、技术、气候变化等各方面都面临着重大挑战，地球是一个多元文化的村落，人类比以往任何时候都更加紧密地联系在一起。100年前，美国和中国被视为地球两端，但现在两者有了如此多的联系。尽管矛盾重重，但我们一起生活在这个星球上，是共同的星球管家。

我们如何和谐地生活在一起？在谈及这些人类大问题时，我们有时会避免把它们带到学校，带到年轻一代眼前，但我们应该把这些议题抛出来。我们如何应对气候变化，如何应对文化差异，如何应对和使用新技术，如何使用社交媒体，这些都应该是学校里讨论的主要话题。

教孩子们困难的事情，因为这就是人们真实的生活。生活不总是美好的，孩子们会受到父母的保护，但是他们也必须面对现实，而我们的教育，就是为了确保他们能全方位地做好准备。

适应

每个学校都有不同的教育方法，我认为希腊的教育系统其实不太好，这是我需要做出改变的地方，但也不是强制性的。

适应性也是领导力的一部分，根据周围的情况调整我们自己，所以我们会说适者生存。但我会谨慎地用这个词，因为适应性有时意味着世事无常，你只能随机应变。所以领导者要能适应，但也要能领导变革，这往往也关乎道德选择：我们要朝着什么方向前进？我们要怎么做？有些事你必须适应，因为这就是现实。

在希腊的学校里，我们不会阅读一整本书，而是只节选一部分，大多是学习其中的语法、语句，学一些词语。但这样就失去了阅读故事的乐趣。我觉得对任何人，尤其是对孩子而言，这样是无故事可言的。你只是读了一部分，你并不知道前后情节是什么。也许单从语法方面来看，这是有趣的，但其实你没什么收获。

读完整本书，你会学到里面的表达方式和词汇，你可以复述这个故事，可以尝试与作者共情，这会非常有趣。在我去过的其他学校，不论是美国、加拿大或者是瑞典的学校，他们都会教你如何享受阅读。我记得在瑞典的学校时，我们会读一些文学经典。有一年读了陀思妥耶夫斯基、托尔斯泰和一些法国作家的书。

阅读和讨论这些书真的很有趣。而且正如我们之前说的，这其中总有故事可以诉说，有交流，有高潮，有结尾，课堂上还有不同的讨论方式，你可以感同身受。

我在担任希腊教育部部长的时候，意识到要改变教育方式并不容易。由于涉及主要课程，所以新的教育改革决策必须经由特定机构审定并向部长反馈建议，告诉部长这些决策是否正确、是否有教育意义、是否符合教学法。早在 20 世纪 30 年代，我祖父担任过希腊的教育部部长，而且就是他开创了这样的机构。但是我则希望每个学校——无论是希腊语还是其他语言的学校，都能自由选择用来教授语言的文学作品，我们不需要也不应该做任何限制，不能强制性地要求他们只能阅读为所有学校编写的特定的教科书来学习。

很快，这个握有教学用书决策权的研究机构做出了回复，他们说这样的改变是错误的。我问他们错在哪里，他们说了一大堆理由，但我并不赞同。因此我说，我会继续这样做下去；他们说这样做甚至会触犯法律；我回复他们说，如果他们因为我允许教师选择自己所用的教学书籍而把我送进监狱，那学生们一定会感到非常骄傲。

不管怎样，我坚持了下去。

我觉得这展示了在任何教育系统里都该有的反抗能力，尤其是在中心化的教育系统里如何做到另辟蹊径。一个决定就可能改变一切，这会对整个教育系统造成巨大的冲击，哪怕是很小的改变也会如此。如果有任何一个地方做错的话，整个系统都会出错。

而去中心化的教育系统有很多可以试验的地方，也有很多尝试新想法的空间。但同时，在去中心化教育系统里也更难达到最好的效果，因为很难使这样的变革在所有学校课程中变成常态化。

而且各个学校教学质量不同，因此你要在核心课程这一领域做到最好，只留一小部分空间来开展新的项目和试验，也要在其他课程领域做到多样化，依据不同学校的具体情况，确保意见沟通的通畅性，这样大家就可以互相交流各自的想法。这两者之间需要找到一种平衡。

学校

古希腊与现代是不同的时代和社会结构，因此看待教育的方式也不同。我们不需要借鉴那个时代所有的东西，但是我们进行思考的时候可以打开一个机会之窗去比较它们，以一种不同的方式思考教育。

有一个很有趣的知识，school（学校）这个词来自古希腊语skhole，它的本意是"闲暇时间"。所以对于古希腊人，学习其实不是辛苦工作的时间，而是在享受教育的过程。这是关于学习的一种解释。而希腊语pedia（知识）这个词来自encyclopedia（百科全书），意思是所有的知识，或者教育内容，但这个词听起来有一种被强迫的感觉。所以学习有两个方面——我们需要休息，同时也得有很强的自律性，只有这样你才能面对种种问题。

学习不是你大脑中给自己按下"学习"按钮就能完成的事。我们在和自己斗争，在考验自己的想法。所以这是你所面临的挣扎的一部分。但同时学习也需要时间，并且你要去享受它。

citizen（公民）这个词来源于city（城市），在希腊语中是城邦（polis）的意思。

在古希腊的公共意识中，城邦的人有这样的自我认知：我是这个城市的一部分，我的命运掌握在我自己的手中。这意味着如果我们想要创造一个更好的社会，我们拥有的优质公民越多，我们做出的正确决定就越多，我们的社会也就越好。

因此，教育是以公民为导向的。从如何锻炼身体，到训练思维，再到学习文化、科学、音乐和艺术，当然还有哲学、辩论等。

所以，有些哲学家会带着他们的门徒教学。不是每个古希腊人都有进行系统性学习的机会，但人们可以通过其他方式学习，例如戏剧就是一种批判城市问题的方式，帮助人们理解社会。

有些戏剧会围绕着政客、权力者或者一些生活困境展开。比如，如果你读过古代戏剧，你会发现戏剧主角基本上都会在生活中面临各种困境。是什么让他们做出这样或那样的选择？实际上戏剧也会告诉你，无论你做了什么决定，困境都不一定会迎刃而解。

所以通过在剧院里演出戏剧，可以教给古希腊人谦卑、责任感，以及很多其他道理。他们可以在戏剧里看到，如果有权力的人滥用这种权力，会有什么后果。这样往往会引发仇恨。这些剧情给观众带来悲剧性的震撼，从而让权力者在生活中或多或少地保持警醒。

除了戏剧，竞技游戏也是古希腊人的一种教育方式，教授人们要公平竞争。竞技游戏的比赛内容和规则无论是什么，必须是公平的。在各种体育竞赛中，参赛者把身体锻炼到最佳状态，这在某种程度上也是心理的竞争。通常这些比赛也不只是运动类，也会有艺术竞赛，比如看看谁能创造出最好的艺术品等。

这些竞赛有一定的竞技规则和评判标准，这其中包含了法治的精神。我们有时会把它和古罗马竞技场相提并论，但其背后的哲学意义截然不同。

古代奥运会，或者其他古希腊的竞技项目，都受到法律约束，有规则和裁判。当有人夺冠时，人们会为他喝彩、庆祝，授予他橄榄花冠和荣誉。当城市里的公民知道了规则，就可以思考自己怎样才能创造出艺术，怎样才能锻炼自己的肌肉，怎么公平竞争——这教会了他们如何成为一个负责任的公民。

竞技场则是纯粹的厮杀，观众们更关心谁能把对手杀死。而参与者最终的结局是可能今天赢了，明天却会死去，他们的生死是由当权者决定的——这更像是一场暴力的狂欢，一场猎奇，一场暴力、愤怒等原始欲望的宣泄。

当然，对古希腊人来说还有一种非常重要的方法，就是通过参与来学习。成为一名公民不仅仅是口头上说自己是好公民的理论练习，而是必需参与其中。这种参与不是说一定要进入议院，也可以通过公民陪审团等方式来实现。任何一个公民都可以通过抽签的方式被选入陪审团，对其中一个问题进行讨论，对立法提出自己的建议。

这里体现的观念是，无论你来自社会的哪个阶层，你都能为我们针对这个问题进行的共同思考做出贡献。每个人都必须对这些决定负责。这样就能教育人们，让人们了解社会的问题是什么，解决办法是什么，还有当前的困境是什么，因为并非所有问题都有简单的解决办法。

这种模式可以教导人们如何成为一个负责任的公民。参加公共集会，这是超越个体的行为；用集体的力量完成一件事，这其中的集体荣誉感非常强烈。与此同时，每个人都会主动通过各种不同的方式做出贡献，拥有提出和讨论问题的权利，同时也有责任提出自己的意见，为正确的解决方案出谋划策。

比提出解决方案更加重要的是问对问题，这意味着这些问题已经解决了一半。所以如果我们能日积月累地用这些理念影响学生或是教育系统，人们就能问出正确的问题。而要想提出正确的问题，就需要接受训练。需要教育，需要学习处理信息的正确方法，批判性地获取信息。

所以，很多古老的教育形式在今天仍然可以复兴，用来解决我们现在遇到的问题。

　　教育还有更多的发展空间。针对所有难以消化的知识和信息，我们可以按照自己的节奏，随时随地开始学习，而课堂只是进行苏格拉底式的辩论的场所。就教育实验而言，那会是又向前迈进一步。

　　如果更进一步，它还可以演变成项目式学习（Project Based Learning，关于项目式学习我们后面会讲）。我们不教任何用不上，或者在 5 年内就会改变的知识——不然等学生上完大学，这些知识就过时了。所以我们不如多教一点能够持续有用的技能——批判性思维、解决问题的方法、信息分析等。学生用这些技巧去解决想解决的问题。在这个过程中，会有老师指导学生如何更好地使用这些技能。这就回到了以未来为导向的教育上。

转变

　　现代的教育系统基本上源自德国和英国等欧洲国家，和现代医学或其他科学相比，教育并没有太多的创新，许多教育理念和方式相对来说已经过时了。

　　这种工业化的教学方式和学习方式曾经给世界带来了重大的变化，因为它为普通大众提供了更多的教育机会。工业时代以前的人们基本上不会读写，而在工业革命之后，对工人的文化水平要求也快速提高。这种要求不仅来自工业革命本身，来自工厂所有者、雇主或资本家，也来自工人本身。

其中一个原因是工人们希望能够互相交流，组织起来，或增强他们与雇主谈判的能力。在瑞典，有教人们骑自行车的老师；在英国，也有老师专门教人们阅读——教师们背着书挨家挨户地教工人读书，这在当时是人们会非常积极参加的活动。但是这种教育模式只是为特定的生产模式提供足够有知识的工人而产生的。

而在即将到来的人工智能时代中，任何机械重复的劳动，或者有简单明确的规则的行业都可以被机器取代。我们必须考虑，我们未来的角色应该是什么？必须是具备批判性、伦理性的职能。

很明显，人们在年纪还小的时候，有一些基础技能必须掌握，比如阅读、写作、数学等。当然，在这个阶段也可以有更多的互动，更多的活动，更多的游戏，或者进行项目导向教学。当孩子学习数学的时候，也要教他们如何使用它和为什么使用它。数学会变得更有趣，这需要思维上的转变。

特别是随着社会的发展，我认为在信息时代，教育有几项核心元素需要进行改革，其中之一就是老师。老师的角色会变得更加重要。因为老师也必须变得更有创造力，而不是简单地一遍又一遍地重复同一个问题。老师要和学生共同协作，毫无疑问每个学生都会带着他们自己的知识、经验以及其他问题等参与到教学中来。所以这时老师更像是一个导师和引导者。

我也在思考我们现在所拥有的技术和信息的本质。这时问题就变成了该如何评估所有的这些信息，如何评估所有的这些知识。如何给这些数字、单词或大量信息赋予意义？如何确认这些信息是可信的？该如何使用它？

　　与此同时，科技也赋予了我们许多权力。我们如何使用这种力量？然后你就会面临一些伦理问题。所以，现在的老师必须把自己视为导师和引导者，就像从前的大师会向学徒传授技能一样，但不应该仅仅是技能，也要包括人生哲学。比如，孩子在生活中会面临哪些困境？

　　我认为第二个重点在于，我们无法准确判断未来新的技能类型将是什么——我们可以预测到，未来将会有很多人工智能和机器人，然而必然还有一些无法被人工智能完成且只有人类能掌握的技能。所以你要确保你学到的知识不会马上过时，或者对我们运用新科技有所帮助。

　　人们创造的人工智能算法天生就有一定的道德基础：如果它们歧视一个种族或文化，甚至发表的言语中带有某种无意识的偏见，很容易就会被限制发言。所以我们以什么样的标准来确保自己准确地评估了这些新技术？

　　不同的国家有不同的教育方式，希腊的中学和小学都有固定的课程表，每个人上的课都差不多，使用的教材是一样的，老师教给每个人同样的东西。而这样一来想要做出改变就很难。如果你想要采用新的教材，前期的讨论和评估就要花上好几年。等到把新教材引进的时候它已经过时了，或者情况已经和你最初设想时发生了很大变化。

　　也许现实只有一个，但我们看待它、评估它的方式是有巨大差异的。这往往就是创新诞生的方式，让我们去尝试，去思考。尽管思考的是同样的东西，但是它可以有不同的表现，有不同的用途。在社会和法律领域中也是如此，我们必须跳出常规去思考。

我们还需要考虑的是学校也需要成为知识的生产者，而不仅仅是知识的消费者。在现在这个互联网时代，老师也可以互相学习，他们可以提供教学范本。老师们可以进行优质的视频互动，有一个好老师在教其中一个科目，可以对其他老师进行启发。任何老师都可以引入新教学方法、新课本或新思想等。利用这些，就能让教育社区不断进化。

甚至可以让学生来生产知识。假如有一个学生在某一科目上很优秀，为什么不让他教其他学生呢？也许他讲的课其他学生更容易听懂。学生们都有机会输出属于自己的知识和思维。再引入一些新项目，通过体验式学习和双向学习，把学校变成生产知识的学校。

等到了这个阶段，其中一个问题是，我们必须有一个考试系统来进行评估——这是最困难的部分。如果考试系统只关注特定的静态学习、特定的章节、特定的课本和特定的知识，那么学生和老师就很难关注创新。因为如果他们想取得好成绩，如果学生想升学，就必须遵守考试的规则、考试的标准。所以必须采用一个能够兼容这种教学方式的考试系统，它要能够真正地兼顾新的知识形式、知识创造、新的学习方式，并对这种活动进行评估。

打开大门，让社会成为知识的一部分，也让有经验的人加入进来。你会发现，任何人都可以成为某种类型的老师，任何人都能为学校带来某些新的知识。学校将成为开放的文化中心，而不是封闭的四面高墙。

这将是一种系统性的转变，与教育领域中的每一个人都息息相关。

学习是我一生的倚靠

生活和工作，本质上都可以看作学习的过程。

如何协作以应对困难，如何理解问题所在、理解问题的本质，找出有哪些解决方案可供选择，以及相应的责任有哪些，这些都是需要不断学习的。而且我们需要面对的是一个不可预测、不确定的未来，学习也就成了一项不可或缺的能力。

你是什么样的人

很多年前，我去阿默斯特学院面试，招生官问我一些问题，比如我的兴趣是什么，我想做什么，我的背景是什么，一些关于我的生活的问题，以及我读什么书，为什么选择读那些书。

我对他的最后一个问题记忆犹新。

快结束时，他问我："哦，我去过雅典的斯巴达，那里有一座美丽的寺庙，但我想不起来它在哪里了，我记得日落很美，神庙在山上。它叫什么来着？"

他问的正是波塞冬神庙。

我意识到，这实际上不是真正的问题。我说我对希腊的历史文化感兴趣，而他想知道，我对自己国家的了解到底有多少。

这就好比，你是一个来自中国北京的学生，招生官问起你关于北京某个历史人文地标的事，他想看看你是否知道这些知识，尽管这不是你在学校里学习的内容，但这或许更能表现出你是个什么样的人。

如果我们想让孩子在申请面试中自如地展现自己，学校教育首先得认可这一点，推崇这一点。许多世界名校之所以能在世界范围内吸引着优秀学子，也是因为他们的入学标准不仅是看成绩单，有的也会看你的"作品集"，看你做志愿者工作了吗，你会跳舞吗，是足球队的吗，演过戏吗，学过音乐吗，还有什么有趣的爱好，等等。

这基本上是为了看到孩子有各种各样的兴趣和好奇心，相比简单询问一下个人情况，这种做法无疑要优秀得多。你得真的做实事，也得从自己的角度思考。这也是为什么在孩子成长的过程中，有不同的生活、学习经历很重要，而也是为什么学习要像玩一样轻松有趣很重要。

比如"旅行"，这像是一种游戏形式。在旅行中，我们会去看看新鲜事物，尝试新东西——食物、饮料、运动，或了解当地人如何生活，与陌生人对话。当你有了不同的生活经验，你就能更容易地学习到，关于道德原则，关于如何通过这些了解你自己，了解你如何生活在这个世界上、如何学习、如何与他人共存，等等。

所以我在爱格社区常说，教育不仅仅在学校发生，社区、网络、朋友间、旅行时……可以在任何时间、地点和情形下学习。爱格的哲学之一就是如此。所以，你和大咖们在爱格世界行上大师课是一个学习的时刻，和领袖导师共进午餐也是一个学习的时刻，而要每天早上 6 点起床也是一个学习的时刻。

好奇心

人类社会发展到今天，是一个个个体不断学习而促进社会发展的结果。

学习和教育并不是完全相同的过程。当你还是个孩子时，学习是一种本能，会对所有的事物很好奇，所以你会学习，主动吸收各种知识。

教育则是更系统化的过程。遗憾的是在各个国家现行的教育体制中，很多并没有使学习这个过程变得愉快。虽然它确实教会了学生一些知识和考试的技巧，但这些知识和技能可能并不是人们真正需要的。

如何以愉快的方式激发孩子的兴趣和好奇心，这也是学校面临的一个难题——当你进行更广泛的大众教育时，如何确保每个人都能发挥他们的潜力？即使某个孩子真的不擅长阅读，你也可以思考，他需要你提供什么样的帮助，你该如何培养这个孩子等，这些都是需要考虑到的。

大多数学校的教学系统都是标准化的程序，你要么达标，要么不达标。

比如个性化教学是探索多种不同的教学方式。你会发现有些孩子可以通过某种方式学到更多，也许有些孩子会喜欢这种教学结构并遵循它；而另一些孩子可能无法遵循这种结构，而是更适合另外一种游戏化的模式——通过打破常规，有时这些孩子看待事物的方式会更有创造性。

中国有句古话叫作"因材施教"，它的基本意思就是基于每个人的特点定制教学方式。你需要先真正了解每个人的特点，然后采用适合他的方式来帮助他成长。实现这个目标的方法之一，就是让学生产生兴趣和好奇心。这也正是我们需要的，学生必须接受训练来获取特定的技能，但这些训练有时候很难，或者过程会很艰苦。因此必须要有某种激励，让他们真正感觉到这是有意义的。这种激励可以是一个目标，也可以是过程本身——你可以开始学习，然后说，我很享受这个过程。

旅美苏格兰作家吉尔伯特·海厄特（Gilbert Highet）曾写道："书架上的这些不是书，不是无生命的纸张堆积，而是'活着的思想'。"他认为："教育的主要目标是在你谋生之后，教你如何享受生活；通过达到和保持学习的快乐，你可以最长久、最好、最有意义地生活。"

我非常认同，学习不是为了眼前的分数和毕业后的工作，你应该从学习中找到如何过一个有意义的人生的答案。

如果你意识到这点，你就会发现，学习不仅仅只在学校里发生，还可以发生在很多场景中，你可以练习一项运动、阅读一本书或者去旅行，所有这些都需要努力，但这并不意味着它不是有趣的。

我们并不是静态的，不能单纯地一味学习。所以在学习这件事上总会有一些你来我往的推拒。总需要一些——我不知道你们是否认同这样的说法——阴阳，或者说平衡。或者说，不是每个人都能把学习变成一件容易的事情，并享受这个过程，你只需要能够部分理解，同时也需要你推着自己去尝试、去试验。当你是一名学生时，你要做的是慢慢地建立这种自我意识，实现自我评估，甚至在更小的时候就开始思考："我现在做得怎么样？"

这是可以做到的。同时你会意识到，你在成长。你原本不喜欢某样东西或某些事情，过了一段时间也会愿意去尝试。你本来抗拒做的某些事情，现在却可以说："让我试试吧。"

此外还有一点就是，每个人都存在一些潜在的优势能力等待发掘。比如说，有阅读障碍的人通常被认为内心极具创造力。即使是普通的人，在学习不同科目时，也可能会被一名优秀的老师激发额外的兴趣。一名尽职尽责的好老师能够提升全班的水平，还有学习目标等。

在美国，很多年前就有这种自我评估系统。我记得大概是在五年级的时候，我们有一个盒子来进行这种评估：盒子里有不同的颜色卡片，对应不同的级别，你只需要挑一张卡片，做出上面的题或者学习一些东西，然后如此继续下去。你基本上可以按照自己的节奏进行，自我评估自己表现得是好是坏。时至今日，它可能就不是一个盒子而变成一个网站了。

当然，还有一种激发孩子好奇心的方式，不是每个学校都有，那就是利用校外的资源。例如学生的父母，我母亲就曾经来我们的幼儿园给我们读书。

所以当我成为希腊教育部部长后，我们面临的一个问题是，人们要上班，而学校很早就放学了，因此许多的家长——通常是母亲，在孩子放学后就无法工作，她们也没法雇别人帮忙照顾孩子，因为那通常很贵。所以我们创建了一个课后学堂，孩子们可以在那儿休息，可以待在那儿做作业。

我们又觉得，为什么不利用当地的社会资源来教他们一些有趣的东西呢？那可以是艺术，可以是音乐，可以是当地的历史，可以是健康知识——如何保持健康的饮食，可以是家庭财务规划，诸如此类的各种各样事情。这是我们必须跳出常规思考的一个问题。学校不应该对社会关闭，而是应该被建成一个中心，让所有人进来。所以现在老师一方面像是一个组织者，但同时也可能是一个引导者。在信息时代更是如此。

我要强调的是，通过深入了解自己来建立你对自己的认知，这是教育的另一条不同道路或者说教育的另一面。即使是在很小的时候，一些小的事件也可能会在日后对你有所启迪，会促使你思考。有时差异是非常细微的，但它们足以改变整个学习理念。

学会学习

生活和工作，本质上都可以看作学习的过程。

如何协作以应对困难，如何理解问题所在、理解问题的本质，找出有哪些解决方案可供选择，以及相应的责任有哪些，这些都是需要不断学习的。而且我们需要面对的是一个不可预测、不确定的未来，学习也就成了一项不可或缺的能力。

大约在 1995 年，我在参加完一个国际论坛回家的飞机上遇到了菲亚特汽车的总裁小乔瓦尼·阿涅利（Giovanni Agnelli），我们正巧坐在同一排，座位彼此挨着。

当时我正担任希腊教育部部长一职，于是我问他："像菲亚特这么大型的汽车企业一定常年在招聘年轻人才，以期在新技术领域保持发展。我想知道什么样的学历背景会引起你的注意？"

他立刻不假思索地回答道："学哲学的。"

我有一点意外："哲学和汽车、机械、科技有什么关系？"

"看上去的确没有关系，但我想要的是思维开阔、对世界有着有趣想法的人。我想要那些懂学习方法、懂处理知识的人。技术方面的细节可以等他们进入公司之后再教。"

显然，他说的招聘对象不是流水线工人，而是担任更高领导或管理职位的人，或者是能在技术创新领域大有作为的人。

小乔瓦尼·阿涅利作为总裁最看重的是一个人能否跳出固定思维模式批判性地思考，是否能创新，是否能适应不同环境，这很有趣。

学习某一项技能很棒，但是我们不能简单地仅与一项技能捆绑在一起，而是要对知识、道德、人际关系问题都有更广泛的理解。比如，当我们想设计一辆更好的汽车时，不仅仅是考虑汽车本身，汽车是为人使用的，因此必须考虑未来使用它的人寻求什么、需要什么、社会的发展趋势是什么等。从这些年来汽车设计的变化也能看出这些，参考因素包含环境、安全等，它们都在发生变化。

卓越的人可以举一反三，拥有灵活学习的能力，能迅速掌握一个学习命题中的关键要素。小乔瓦尼·阿涅利的话其实也告诉我们，必须"学习如何学习"。这是一项持续一生的技能。

如果你只会某种特定类型的工作，当它过时了你也就过时了。你基本上只是那个工作的"附属物"，就像为特定工作制造的特定机器。

最近，我和一些希腊的出租车司机谈过。希腊现在的环保政策推动他们都进入了电动汽车时代，但很多相关配套机构包括汽车维修中心都没有处理电动引擎的能力。所以当我们试图改变汽油车现状的时候，不仅仅是给出租车司机换一辆新车那么简单，还有随之而来的新技术问题，考虑相配套的基础设施建设，以及那些熟悉旧行业的人突然面临被淘汰，必须给他们安排重新培训的机会。

重新培训意味着你必须有适应能力，有灵活的思考能力，而且对可能发生的事情和社会趋势有更深度的理解。

很多年前，希腊的政府各部门都会雇用一批专职的打字员当秘书。计算机时代来了，但这些人不会用计算机，很多人两手一摊，表示自己的任职要求里写明了就是"负责打字"，这显然是一个非常官僚的政府问题。但如果在民营公司，这些不适应也不愿意学习的人，唯一的结局就是被开除。

"学会学习"是一种学习的思维。我们需要创造这种学习的思维，将学习培养成一个如同我们日常运动和享用美食一样简单而愉快的习惯，而不是一种负担或一件很难完成的事情。我们以"取得成绩"为目标时，考试结束就意味着一切学习都结束了，但如果缺乏自主学习和终身学习能力，当我们开始工作或者考入一些自由度比较高的院校，就会是一个非常痛苦而非愉快的过程。

"学习"应更注重"学习"本身，那意味着全身心投入其中，养育自己的大脑和身心。"学习"不是一个安装在我们身上的自动按钮，按下去就开始学，然后得到一个分数。我们需要拥有相应的意识和能力，让我们无论是在孩童时期还是长大成人后，都有能力不断继续学习。

我们生活的时代已经改变。在每个人都只是在农田耕种的时代，我们可以掌握一项基本技能，终身使用它；即使在 50 年前，通过学习成了一名工程师之类的，人们也容易一直过着自己想要的生活。但现在我们进入了一个变化如此迅猛的时期，学习的核心是"真正学会如何学习"，这样你才可以很快适应各种复杂的情况。

人类进入了这样的时代，很多简单的日常工作将由机器人或人工智能完成，这很可能意味着，人类不再需要亲自做那么多工作了。已经有一些类似"是否可能给每个员工支付最低工资"的讨论——在硅谷这已经是人们经常谈论的一个话题——很多工作可以通过智能系统自动完成。

那么问题是，现在的年轻人在将来要如何过好自己的人生？

也许到了那一天，年轻人会变得更有创造力，也许你们会更多地从事艺术创作，更多地去旅行，会有更多的空闲时间交流互动，去思考和谈论生命中的"大问题"。

这都需要你们不断地学习。

走出迷茫

有些人到了大学阶段，可能会忽然觉得失去了目标，或者像我一样开始反思自己的选择是否真正适合自己。比如在希腊，因为很多学生就是为了考大学而上学，之所以会出现这种情况，是因为很多希腊家庭父母的认知就仅到"上大学"的高度，从小就告诉孩子"你要上大学"，但对上大学意味着什么以及上大学之后怎么做并不清楚。所以很多学生一旦上了大学，不知道之后的路是怎样的，也找不到可信的人进行有效的指导，往往只能得到一些似是而非的信息，就开始迷茫。

当你很小的时候，你对你想在这个世界上成为什么没有真正的看法，你对你应该学习什么也没有看法，尽管你会以不同的方式自学，因为通常在那个年龄，孩子们非常非常好奇。如果你进入了一所好学校，遇到了好老师，这种好奇心会得到进一步的支持和呵护。但更多的时候学校只是提供知识——让你学语法，学读写，学算术，学历史等。

但是当你十七八岁的时候，被期待要考进好的大学，这时你可能已经失去了对学习的好奇心，同时也没有认真思考你的真正目标是什么，很多家庭中的其他家庭成员在你面临关键选择时也无法给你提供有效建议，甚至会干扰你的选择。

所以我的建议是打开你的好奇心。你需要找回孩提时代的好奇心和去发现去探索的乐趣，也得试着思考生活中什么令你有成就感，你想在生活中做什么，什么有挑战性但你喜欢做。

无论你去哪里，你都可以学习，即使学校可能不是名校，你也可以学习。如果你充分利用自己的好奇心，可能会发现一些你没想到的东西，比如找到一个有趣的老师或教授，找到有趣的同学，或者发现一个有趣的学科。你可能会尝试一些你从未想过，从未真正遇到过的事情。

即使你因为父母的要求，或者出于经济原因，或考虑未来风险较小，决定从事家族传统职业，仍然可以向其他可能性保持开放。比如爱格学者中有进入顶级商学院的孩子，她最初想选择的专业是戏剧。假如她今后经商，戏剧技巧也能提供很多帮助，比如她会懂得如何演讲、交流、在公共场合自如沟通，这些不是每个人都能做到的。她可以从戏剧里学会如何理解一个角色，这会帮助她在商场上同样设身处地、站在别人的立场上思考问题。

你可以向任何人学习，深入了解那个人，让他也深入了解你。把成长看作是一场冒险的"奥德赛之旅"（《奥德赛》是古希腊诗人荷马创作的一部史诗，主要讲述了特洛伊战争后，英雄奥德修斯返回家乡的艰辛历程）。

对我个人来说，我的学习必须与我看到社会变革的挑战联系在一起。当这两者联系上时，我的好奇心就会被最大限度地激发出来。某人是怎么做到的？人们对此怎么评价？有哪些关于这个领域的专家和书？谁在这个问题上一直很活跃？我怎样才能学到更多？我怎样才能找到实践的机会？我自己的内部引擎被开启了，推动我学习和做事。

如果我要做的事情不能让我感到挑战或产生灵感，我获得的无非只是又一个学位证书罢了。那样的学习让人感到迷茫疲惫，负担很重，就像劳动改造一样——你拿着锤子坐在那里砸石头，这就是你的感觉。

我那时候对世界充满好奇，试图去寻找到底什么是真正有趣的，为此甚至会选修一门有点无聊的课程，试着找出它是如何与我联系在一起的，课程中的哪一部分真的很有趣，或者可能有趣。

所以，如果让现在的我给年轻的我一个建议，我的第一个建议就是始终保持你的好奇心。

我认为要学会进入和退出学生的角色，尝试其他新体验也很重要。成绩不是唯一的目标。如果你成绩好，这可能会让别人对你满意。是的，这确实很棒。然后呢？真正让你对自己满意的是什么？你怎么能找到？

我在爱格跟年轻的学者也谈过很多：找到你的目标，找到你自己，找到你的优势。看看周围，试着多做些各种各样的事情。在大学期间尽可能多地积累经验，去挑战自己，也开拓自己的视野。

尤其是今天，大学是一个如此多样化的社区——我们那时候的大学虽然也很多样化，但没有今天那么丰富。

找到驱动力

我的一生都在持续学习。即便遭遇过很多阻力和挫折，但政治对我来说也是一种不断学习的经历，更是一种创新的经历。

当我们谈论创新时，大脑会自动代入技术创新、工业创新，或者自动代入某种机器或物品的发明、新软件的开发等。但我认为，最具创新性的领域实际上是我们的社会，如何发展我们的社会，用创新的方式看待事物，用创新的方式构建结构，用创新的态度思考问题，等等。

这并不是说，创新就必须摧毁一切再重新开始，其实创新是根据你的传统而来，是看你如何去改善、改变，并带动其他人。

这比开发一个新软件更困难，因为它与人有关，不是修改代码就能完成的。

我们得了解传统，了解现状，了解源头，但更重要的是，我们需要有开阔的思维，有成熟的批判性思维能力，能从不同的角度欣赏同一件事物，这样我们就能看到通常不能看到的可能性。然后用这种看待世界的多重视角，去重新检视传统，从而挖掘潜力。

所以我觉得创新是你所掌握的知识与既定的规则，以及对事物重新思考的挑战之间持续的对话。之所以要重新思考，是因为你有了新的体验，或是在努力结合你所掌握的知识开拓新的体验、新的方式和新的方向。但这并不需要你了解教育系统内的诸多规则，也不需要你了解每一件事物的作用。

对同一个目标进行多维度的思考，也许就能以完全不同的方法来实现。比如，如果我们更有动力，会怎样学习？纪律是一种动力，恐惧、成绩这些都是外部的动力，在教育系统里都曾起到一定作用，但是更有效的动力要从内部激发出来，驱使我们享受做决定的乐趣，或者有意识地主动做决定，认识到我做这件事是因为我想做，而不是因为我的父母、老师、成绩或社会等逼我这样做。这些外部的压力会让你产生某种形式的反应——通常是负面的，也许是精神上的、身体上的，会让你读不进去书、讨厌某些学科，等等。

这正是学习的核心原则之一。你得了解你自己，在你自称快乐、成功或是自足之前，找到你内心的驱动力。如果驱动力只来自外部，你会缺乏稳定感，因为不知道哪一天就会感到厌倦。

这也是在不断地探索，因为在你挖掘内心的驱动力的时候，你会有很多收获。这也能够让你在一些事情上取得进步，比如你采取的行动、你做的决定，不仅仅能从他人身上取经学习，还能在自己的人生中收获果实。你会觉得这很棒，也许你会想要做一些不同的事情，也许会打开一扇新的大门。

你应该相信一切皆有可能，但同时也要在某些事情上保持稳定状态。掌握这两点的平衡并不容易，但就学习这方面而言，需要感受到自己在一定程度上是稳定的，不是冒着全然的风险在行动。从自己真正的喜好中清楚认识自我，在这个基础之上实现超越。

每一刻都是学习时刻

　　世界各地的一些学校在做很多各种各样的创新和尝试，其中一种就是项目式学习。有时候我们认为自己必须学习以便去解决某个问题，所以你要先学习理论知识，然后才能处理某个问题或找到某个解决方案解决它。但转念一想，如果你说这是个问题，让我们试着处理这个问题并通过处理这个问题的过程来学习呢？

　　你并不总会刚好拥有你需要的知识或经验，所以应该在日常生活中将遇到的挑战与学习联系在一起。爱格的其中一个教育理念就是每一刻都是学习时刻（every moment is a learning moment），比如待人接物，合理安排自己的时间，调节自己的情绪，管理自己的精力，等等。这些都是需要学习的，而不仅仅是为了应付考试的知识。

　　就如我总是对爱格学者说，当你不知道某件事然后开始学习，这个过程本身，这种心态上的转变，还有这种学习的渴望，已经是一次学习了。即使在这个过程中你发现这是一个困难的问题，不容易解决甚至解决不了，最终没有得到想要的结果，你仍然学到了许多有益的东西。你对问题的复杂性有了更深的了解，因此而扩大了视野，也更具有同理心，你学会用不同的视角来看待同一问题，也有助于提升自己的批判性思维。

　　显然，随着我们走向未来（我们总是在走向未来），各种挑战变得越来越复杂，有时更为困难，没有现成的答案。这就是你真正需要思考、学习、整合各种要素并考虑你可能没有想过的不同因素的地方。比如，在希腊遇到了财政危机时，经济学家提出各种解决方案，应该提高工资还是降低工资，或是开放市场还是关闭市场，但是我觉得这其实不仅仅是经济问题，也是一个政治问题，这个政治问题是我们需要对抗腐败。该体制没有将钱用在刀刃上，造成很多浪费和贪污，这反而更多是政治问题。因此，如果你只学习一种技能，你就可能没有办法解决很多错综复杂的问题。

我认为未来的挑战将越来越多是这种类型的挑战，这意味着我们需要跨学科的学习来解决这些复杂而庞大的问题。

每一处都是学习之地

学习的另一个重要阶段就是国际化学习，除了书本上的知识、老师教的知识以及向周围优秀者学习之外，你还可以把世界当成你的教科书。就改变一个国家、一个企业或者一个家庭而言，国际化学习的重要性在于它不是单一的，你会获得很多元化的体验，能遇到不同的教育系统，能看到解决同一问题的不同办法，周围不再只有单一的系统、方式、书籍和文化等。所以其作用就是打开你的思路，使你的思维不再故步自封。

这就意味着，人们之前总是会说"我们一直是这样做的"，但善于学习的人会问，这样做是正确的吗？有没有更佳的解决办法？你会变得更有批判性，你的大脑里不再只有一种声音，你会深入思考，如果在加拿大、在英国，或者在希腊，又会有什么不同？你的大脑会展开一场辩论。

你见识过不同的场景，理解了不同国家人们观念上的差异，这也会让你更加自信。因为如果你没有经历过这些不同就逆道而行，挑战人们观念里的"常识"，人们会说你疯了，或者说这是错的，不能这样做。但如果你在其他地方见过或学到过类似的事情，你就知道是行得通的，或者说有这个可能性，就能自信地说出这样是可行的。因为所有多年扎根于官僚政治的教育系统最常见的反应就是片面地看问题——官僚政治不是说一定是坏事，但它通常不会轻易接受改变。因此其常见的反应就是我们不能这样做，或者不值得这样做，或者我们国家不能这样做，这不适合我们。如果你立即接受了这种说法，就是在否认自身做出创新和改变的可能性。

不断学习就是我的人生态度

无论是青少年还是成年人，我们在不同的人生阶段都会遇到挑战，甚至会有觉得"迈不过去"的时候。就像我所经历的那些"至暗时刻"，没有任何的教育可以帮助我准备好去面对这些时刻。但是在困境中，我想学习和成长是我唯一的解决方案。

越是困难的时候，越需要去学习，需要去找到适合应对那个挑战的方案，你就要从书本中，从爱你的人身上，从相关领域的专家身上去学习。

我在总理任上时，遭遇了希腊历史上最重大的财政危机。虽然我当时已经身为总理，也拥有名校学历，但是我的教育经历和人生经历也没有让我准备好去应对这一时刻，除了迎难而上我没有别的选择，学习就是我唯一的选择，并且要非常快速地学习。我不断向我的智囊团学习，向经济专家学习，向希腊民众学习，向世界各国学习，然后学以致用，继续学习……

　　这些学习也不能解决所有问题，结果也许不可控，但是我如何去应对是我可以掌握的，不断学习就是我的人生态度，也是我的生活方式。

后　记

　　我第一次见到钱镜是在 2015 年的"从都国际论坛"上，他是论坛的创始成员之一，当时在和澳大利亚前总理陆克文及几位前国家元首一起筹划论坛。那次我对钱镜的印象是：一位难得一见的有远见卓识也踏实能干的年轻人。

　　之后我们一起在中国和世界走了不少地方，从北京到广州，从哈尔滨到昆明，从宁波到宁夏，从纽约到日内瓦，从雅典到迪拜，一路上我们有机会深谈彼此感兴趣的话题：教育的本质是什么，未来教育会如何发展，如何培养领导力，如何培养人的品格和最基本的核心能力（自由博雅技艺）……

　　2017 年元旦，我们两家人一起在海南度假。在三亚亚龙湾一个面向大海的阳台上，钱镜问我，我们能一起做点什么吗？他提到我之前在 TED 演讲中的一个想法：为世界的未来，重建一个人们自由交换意见的广场（Agora）。

　　钱镜问："我们能否为中国和世界的青年一起建设一个精神的广场，智识的广场，一个成长共同体，大家一起认识自我，成为自我，超越自我？"

这正是我一直想做的！

过去几年中，我们常常谈到如何从长期主义的角度，为当下青年的普遍意义缺失提出解决方案。而且我们都相信教育的力量，也相信领导力可以产生的积极影响。从长远和根本来看，对一个国家的青少年而言，人格成长的滋养比其他表面的镀金都来得重要。

钱镜是一位拥有强大内心的出色的思考者。我们讨论了很多全球问题，也思考了该如何使世界变得更好。我们在哲思中感受人生，我们向我们自己提问。下一代年轻人该拥有怎样的能力才能应对这个时代的全新的、空前的挑战？我们该如何做出贡献？教育会是那把钥匙吗？我们想创造一个与众不同的教育体系，一个注重于自我能力发展、集体精神培养、危机情况应对的教育体系。我们要培养一种截然不同的领导特质，一种不会被宿命论、傲慢或自大所压倒的精神素养。我们认为，当今这个相互交织的复杂世界需要这样一种全新的领导特质。

正是在这些对话和探索之中，爱格计划得以诞生。我们决定邀请一些精心选拔的中国学者参与思觅研讨。

钱镜也拥有自己与众不同的背景、视角和经验。他来自中国，在哈佛深造，多年深受东西方文化浸润，又随世界级领袖工作多年，亲身经历了不少中美关系的关键时刻。我想我们以及我们身边的朋友们的人生阅历、政治经验和对教育和领导力的思考，都能为中国当下的年轻人带去些许帮助。通过钱镜，我也认识了钱镜的太太柯琪，她当时已经在加拿大从事国际教育工作很多年。她真诚、热情、踏实、勤奋，她对帮助中国青少年走上国际舞台，并找到其个人的人生目标有巨大的热情和使命感。

常常有人来找我，提出各种项目创意，但往往都是说说而已，没有什么行动纲领，或者他们希望我来做。但钱镜和他的太太柯琪无疑是真正躬身入局的行动者。当我们决定一起创办爱格的时候，他们已经深思熟虑，准备倾注一生心血。我完全信任他们。在这个意义上，爱格的诞生是自然而然的，建立在我们共同的信念和彼此的信任的基础之上。

可持续的有意义的亲密关系是人生意义的重中之重，而通过创立爱格，孕育爱格成长共同体，我们不仅陪伴这个社区的每一位年轻人、家庭成员、工作人员一同成长，自己也在不断地学习和成长，爱格本身就是我们的生活方式。钱镜也曾说，他的一点私心是让爱格可以承载我这个希腊老人和他这个中国青年之间缔结的难得缘分。对此，我也很感念。对我而言，这种成长和学习是双向的。

爱格是中国和希腊乃至东方和西方思维智慧交融之所在，也是建立世界青年美好关系的网络和桥梁。与此同时，也能将我们的人生经验传授并悉心引导，希望在知行合一中，启迪青年人思考何为公正，何为平等，何为自由，何为世界公民的应有担当。

爱格世界行是爱格的核心教育方式之一。世界行是有悠久历史的精英养成方式，与志同道合的同龄人为伍，相互启迪，相互鞭策，结伴前行，一起走遍世界，体验不同文明，遍访名山大川，求教仁人志士、行业翘楚、创意大家、各界贤达……这些都是终生难忘并一生受益的学习和成长经历。

致　谢

每次旅途都有一个开端。爱格的一切都始于我和钱镜在海南海边温暖的晚风之中的那场对话。

后来，在钱镜妻子柯琪的帮助下，钱镜发起了爱格计划，点燃了我们共同旅途的火花。他们的另一位好友王珏也加入了爱格计划的核心团队。

我在此感谢他们所有人。

在古希腊，卡利俄佩（Calliope）是缪斯女神们的领头者。她常常被描绘为手拿写字板的形象，被认为是最杰出的一位缪斯。她主司口才和诗歌，被认为是缪斯中的首席，并因其对文学和艺术的影响而饱受赞美。

在写这本属于我的书的时候，我的卡利俄佩当然是柯琪。她持续不断、系统性地组织我与爱格学者们会面，而他们则乐于向我提问，探求我的人生之旅和冒险。如果没有她的奉献，这本书将永远不会被出版。我想在此给柯琪一个温暖的拥抱。

在此，我还想感谢我的长期顾问卡特琳娜·兰布里努（Katerina Lambrinou），她与柯琪、钱镜、王珏及其团队合作，大力支持了爱格世界行在希腊的复杂行程，并且在疫情期间和之后为这本书的策划奉献出了一份力。

当然，我也得到了我美丽而有洞察力的爱人温蒂的全力支持，她与钱镜、柯琪还有王珏成了很好的朋友，并且一直被爱格的中国学者们的思想、包容性和才华所打动。

我的女儿玛格丽特（Margarita）一直不断地鼓励我，她为这本书的出版感到非常兴奋；我的儿子安德烈亚斯（Andreas）也给了我很多建议。他曾在中国研究针灸，在思考时经常将两个古老的文化联系起来。

我也要感谢温蒂的女儿们梅丽娜（Melina）和海伦娜（Herlena）的一如既往的支持，在疫情期间她们持续不断地与我进行线上会面，带给我能量。

最后，特别感谢谢哲、肖卉，以及爱格学者何雨楠、王墨麟、刘嘉怡、张烨泓、吴依峻、谷泓毅、秦希玥、范思悦、周轶璇、葛祖宏、成心妍对此书的贡献。

对以上所有人，我深表感谢。